再起せよ

スズキMotoGPの一七五二日

西村章

2011年を最後にMotoGP活動を休止していたスズキは、'15年に本格復帰を果たした。
その開幕戦カタールGP、フリープラクティスに臨む直前のピットボックス風景。（著者撮影）

SUZUKI
ECSTAR
GSX RR
Team SUZUKI
ECSTAR
ECSTAR
SUZUKI
ECSTAR
SUZUKI
25
MOTUL
MOTUL
SUZUKI
ECSTAR

はじめに

二〇一九年四月上旬、レーサーズ編集長の加藤裕氏から「新しい試みとして、ノンフィクション書籍を叢書のような形式で刊行したいと考えている。ついては第一弾として劈頭《へきとう》を飾るにふさわしい、なにか面白そうなテーマはないだろうか」と訊ねられたとき、まっさきに思い浮かんだのが、スズキのＭｏｔｏＧＰ活動休止と復活を巡る一連の出来事だった。

スズキＭｏｔｏＧＰチームが二〇一一年末で活動を休止し、四年後に復帰を果たした経緯については、折々の機会にレースの現場でチーム関係者や選手たちを取材し、その都度、日本語や他言語の各メディアで記事化もしてきた。おそらくひととおりの概要は伝えることができたとは思う。

とはいえ、それらのレポートはどうしても短期的で局所的な視点に陥りがちなきらいもあった。充分に意を尽くした取材で、釈然としなかったことがらがすとんと腑に落ちるような満足感をえられたのか、取材者として疑問に感じていたことをすっきりと解明できたのかというと、あながちそうもいいきれない微妙な消化不良感は残っていた。

もしも。

これら一連の出来事を、もっと時間軸を広げ、視野もさらに俯瞰した位置から眺めることにより、過去に自分が書いてきた各種記事からこぼれ落ちていたものをあらためてすくい取ることができるなら、刹那的な取材では充分に目配りが利かなかった皮膜の下のものごとにいまいちど光を当て、長い歴史の中に彼らの行動の意味と意義を定着させることができるのではないか。なにより、そうやって注意深く探針を伸ばしていけば、なにか非常にドラマチックで普遍的な人間の姿をさぐりあてることができるのではないだろうか。

加藤編集長から前記の提案があったときはここまで理路整然と考えていたわけではない。ただ自分の興味の赴くままに、スズキＭｏｔｏＧＰのなかには波瀾万丈ななにかがうごめいているような気がする、というような旨のことを告げると、加藤氏は即座に同意し、あっという間に企画がＧＯになった。鋭敏な嗅覚を持つ編集者のフットワークの軽さと英断の賜物であろう。

以上が大まかな背景事情だ。そして、棚の奥にしまいかけた情報をあらためて天日に晒して光の下で分解しながらじっくりと眺めては分類しなおし、キレイに磨いて再度組み上げるような検証と、そこへ新たに膨大な取材を加え、それらをひとつにまとめあげることで、ようやく本書ができあがった。

若いMotoGP好きの方々や年季の入ったオールドファン、スズキというメーカーやブランドに思い入れのある人々、あるいはロードレースそのものにまったく興味のない方々であっても、あらゆる人になにかを感じ取ってもらえるような波瀾万丈の人間のドラマを、二十一世紀の現代社会の片隅からすくい取ってきたつもりだ。

愉しくお読みいただければ幸甚です。

西村　章

目次

はじめに …… 004
［序章］ …… 011
［第一章］ 勝てない憂鬱 …… 027
［第二章］ 消失点 …… 099
［断章］ ニレの男 …… 173
［第三章］ 生への帰還 …… 195
［転章］ イギリスの夏 …… 261
あとがき …… 300

序章

1

二〇一一年三月十八日――東日本大震災の発生からちょうど一週間後。

カタールのロサイル・インターナショナルサーキットは、日が暮れるとやや肌寒く感じる気温だった。首都ドーハから車を三十分ほど郊外へ走らせた場所にある当サーキットの周囲は、見渡す限りの砂漠だ。陽を遮るものはなにもない。日中は肌を灼くような光が真上から照りつけるが、日没後は昼間の火照った大気の熱が徐々に冷やされてゆき、やがて長袖シャツの手首をボタンで留めてちょうど、といった程度の気温になる。

コース上では、ＭｏｔｏＧＰクラスのフリープラクティス《FP》二回目が、まもなく四十五分間のセッションタイムを終えようとしていた。

二輪ロードレースの世界最高峰ＭｏｔｏＧＰは、欧州、アジア、北米など世界諸国のサーキットを転戦しながら、三月から十一月までのシーズンを戦う。二〇一一年のカレンダーは全十八戦。その口火を切る開幕戦が毎年、ここ中東の小国カタールで行われる。

しかも、その開幕戦は恒例のナイトイベントだ。サーキットを取り囲んで林立する夜間照明設備が、コースを昼間のようにまばゆく照らし出している。原油と天然ガスに富む資源国ならではの風景だ。

夜闇の砂漠に光の洪水が溢れるこの幻想的な姿は、まるで千一夜物語を思わせる。

だが、さすがにこのときばかりは、何年もこの眺めを見慣れたはずの日本人レース関係者には、不安や焦燥、不条理感を掻き立てる効果のほうが、むしろ大きかったかもしれない。

日本では、とくに関東と東北は、地震と津波、そして原子力発電所の事故がもたらした甚大な被害の影響で供給電力が不足しており、東京も日没後は文字どおり真っ暗闇の夜の帳が落ちる状態が続いている。

ホンダ、ヤマハ、スズキなどＭｏｔｏＧＰに参戦するメーカーの日本人関係者のなかには、開幕前のテストから数週間にわたりこのカタールに滞在し続けている者も多い。震災前から現地に居続けている彼らは、日本の家族と電話やメール、ＳＮＳなどで連絡を取りあうのみで、レースが終わるまで帰国できない。あるいは、業務のために後ろ髪を引かれる思いで震災直後の日本を発ってレース現場へやってきた者たちもいる。そんな彼らにとって、カタールではごくあたりまえの日常にすぎないこの光の洪水は、胸を衝かれるような皮肉な眺めでもあっただろう。

それほどまでに明るく、昼間のような一面の光に照らされたコース上を、排気量８００ccのモンスターマシンがたて続けに疾走してゆく。

時速３００㎞を超す速度のマシンがメインストレートを通過するたびに、耳を聾《ろう》する轟音がピットビルディング全体に大きく反響する。メインストレートに面したガレージの中にいると、たとえ裏口に近い奥まった場所でも、あまりの音の大きさで会話ができない。

走行時間終了を見計らってリズラスズキＭｏｔｏＧＰのチーム用ピットボックスを訪れ、ガレージ後方で佇んでいると、昔馴染みの英国人プレスオフィサーが、顔を寄せて大きな声で話しかけてきた。

「急ぐならテクニカルミーティングの前でもいいぞ、どうする?」

顔を離して軽く笑みを泛かべる彼の耳元へ向け、同じくらい大きく明瞭な声で返答をする。

「こちらはべつに急がないし、いつもどおりチームの仕事を優先してくれればいい。事情はひととおり、本人に伝わっているんだろう?」

もちろん、という様子で片眉をあげ、小首をかしげるようにうなずく。

「じゃあ、テクニカルミーティングが終わったあたりでタイミングを見計らって、こっちから声をかけるよ」

ほどなくフリープラクティスが終了し、ピット内は一気に慌ただしさを増しはじめた。

マシンを整備するための作業台や工具を用意するクルーたち。ボックスへ戻ってくるライダーを迎えるためにガレージの前へ出て、ピットロード入り口方向の様子を窺うメカニック。チーフメカニックと言葉を交わしながら、クリップボードにメモを書き込むエンジニア。セッション中に使用していたツール類を手際よく片付けるスタッフ。

ピットボックスに戻ってくるライダーとマシンを迎え入れるための、てきぱきとした準備作業が続き、同時に緊張感も増してゆく。

前方のピットレーンでは、三々五々と他のチームのライダーたちが通過し、それぞれのボックスへ戻ってゆく。

やがて、ブレーキのスキール音が近づいてくると、鮮やかな水色のマシンがピットボックスの前にピタリと停車した。

ライダーがバイクを降りて、マシンの左側から後方へ回り込むと、かるく上体を曲げてリアタイヤのあたりに顔を近づけ摩耗具合を確認する。ライダーからマシンを受け取ったメカニックたちは、V４エンジンのスズキＧＳＶ‐Ｒを作業台に乗せる。手慣れた素早さでマシンの外装やタイヤをとりはずし、清掃とメンテナンス作業に取りかかる。

ヘルメット越しにタイヤの状態を目視で確認しおわったライダーは、ピットボックス奥に設置された自らの椅子へ向かった。ディレクターズチェア風のしゃれたデザインで、チームカラーと同じ鮮やかなブルーのペイントを施されている。

そこに腰を下ろしたライダーは、ヘルメットを脱いで傍らの棚に預け、タオルを取って汗に濡れた髪を拭いた。

ひとしきり汗を拭い、ひとつ大きく息をついたライダー、アルバロ・バウティスタを、リズラスズキＭ

otoGPのチームスタッフたちがあっという間に取り囲んだ。

この四十五分間のセッションでライダーが感じたマシンの挙動、ライバル陣営各チームと比較したときの有利と不利、次のセッションに向けたマシンセットアップの方向性等々、ライダーとチーフメカニックが意見を交換し、スズキのエンジニアやタイヤメーカーの技術者もそこに加わって、走行後のミーティングがしばらく続いた。

ひと区切りしたところで、ミーティングは散会。クリップボードなどを手にした技術者たちはその場を離れ、それぞれ次の準備へと向かった。技術者たちの輪から解き放たれたバウティスタは立ち上がり、ピットボックスの裏口へと向かう。その途中でこちらの姿を視認すると、屈託のない笑顔を見せ、近づいてきた。

「やあ。お待たせ」

そういって、パーツ類を収めたフライトボックスなどが所狭しと並ぶ周囲を手で示す。

「場所はここでも、大丈夫？　それとも、控え室に行く？」

五分程度で手短かに済ませるので、ここでも全然問題はない、と返答する。

「ティムから主旨は聞いていると思うんですが――」

そう切り出すとバウティスタはうなずき、笑顔が消えて表情が引き締まった。

「そうだね。日本にはいろんな思い出があるし、僕を応援してくれるファンの人たちもたくさんいるからな——」

気遣わしげな表情でうなずくと、言葉を考えるようにゆっくりと口を開いてバウティスタは話しはじめた。

ＭｏｔｏＧＰに参戦する全選手に、日本の人々へ向けた激励のことばを語ってもらおう。

このアイディアを思いついたのは、羽田からドーハへ向かう機内のことだった。

今回の開幕戦、カタールへ向けて羽田から出国したのは、三月十五日だった。十一日の地震と津波に加え、福島第一原子力発電所の不安定な状況が連日報道され、日本じゅうが不安と緊張と心細さに押し包まれていた時期だ。テレビ放送は明るいＣＭを控え、東京でも計画停電が発表された。

日本はいったいどうなってしまうのか。未曾有の大災害に翻弄され、先行きの見えない状態のなか、誰もが動揺し不安に押し包まれている日本を離れて、国外のスポーツ現場へ向かう自分に、はたして世の中に対してなにか貢献できることがあるのか。

夜行便の狭い機内で無力感に苛まれながらさまざまに思いあぐね、考えつづけた結果、ふと頭に浮かんだのが、

ＭｏｔｏＧＰクラスの全選手ひとりひとりに、日本と日本のファンへ向けた応援メッセージのコメントをもらおう、

というアイディアだった。

二輪ロードレースの世界最高峰で戦う選手たちひとりひとりから、激励や気遣いのことばが日本へ届けば、レースファンはもちろん、この競技のことをよく知らない人々であっても、彼らの思いになにかしら勇気づけられるものがあるのではないか。

本来ならば、これは新聞やテレビなどが行うべき仕事だろう。

だが、豊かな文化と歴史に裏付けられた欧州の絶大な人気に反して、日本ではごくマイナーな競技のひとつとして扱われているにすぎない現状では、メディアならぬ日本の〈マスコミ〉に多くの期待はできない。

自分がやらなければ、ライダーたちの声を日本に届けることはできないかもしれない。

そう考えて参戦各メーカーやチームの広報担当者たちに連絡を取り、取材趣旨を伝えた。

この年のＭｏｔｏＧＰに参戦する選手は、十七人。チームの協力さえ得られれば、木曜から日曜までのあいだに、全員のコメントを集めることは充分に可能な人数だ。

いちフリーランスジャーナリストの突然の依頼にもかかわらず、皆が迅速に快く対応してくれて、取材のアポイントは順調に取れていった。

それらのアポのうち、リズラスズキに所属するスペイン人ライダー、アルバロ・バウティスタの取材としてチームのプレスオフィサーが指定してきた時間は、

〈金曜日最初のセッション、ＦＰ２が終了するころにピットボックスまで来てほしい。そこで、十分程度のコメント取材の時間を作る〉

というものだった。

質問に真摯な表情で答えてくれるバウティスタとの質疑応答を終え、礼を述べてその場を後にした。

そして、この取材の数時間後、あのときに話を聞いておいてよかった、と肝を冷やす出来事が起こった。

ＦＰ３のセッションで、バウティスタが走行中に転倒を喫し、左大腿骨を骨折してしまったのだ。

もしも、取材時刻をＦＰ３終了後で調整していたなら、彼からコメントをもらうことはできなかっただろう。

じっさい、骨折を喫したバウティスタは以後のセッションをすべてキャンセルしてスペインへ帰国し、即座に手術を行った。次戦は彼の母国スペインの大会だったため、その会場には松葉杖姿で登場したが、まだバイクに跨がれる状態ではなく、レースは欠場を余儀なくされた。

彼が戦列に復帰したのは、四月の第三戦ポルトガルＧＰだった。

そしてこの先、シーズンが進んでゆくにつれて、バウティスタとリズラスズキＭｏｔｏＧＰの面々は、さまざまな出来事に翻弄されてゆくことになる。

だが、カタールのＦＰ２を終えたばかりのこの段階では、いったい何が自分たちを待ち受けているのか、彼らにはまだ知るよしもない。

2

二〇一九年三月十日、日曜日。

日没後の午後七時にスタートした開幕戦カタールGPの決勝レースを、チームスズキエクスターのアレックス・リンスは四位で終えた。

最後まで激しい表彰台争いを繰り広げ、チェッカーフラッグを受けたのは三位でゴールした選手の0・137秒背後。優勝した選手から見ても0・457秒差だった。じつに惜しい、しかし同時に、上々といっていいレース内容だった。

土曜の予選を終えた段階で、リンスのスタート位置は四列目十番グリッドだった。MotoGPクラスに参戦する全二十三選手のうち、ちょうど中段あたりの位置だ。金曜最初のFP1から予選に至るまでの各セッションでは、飛び抜けて目立つパフォーマンスこそ発揮していなかったが、ライダーとマシンのパッケージという面では、堅実なまとまりのよさも窺えた。

二〇一七年にこのチームに抜擢されて中排気量のMoto2クラスから最高峰へステップアップしてきたリンスは、今年で三年目のシーズンを迎える。この日の決勝レースでは、並み居る強豪ライバルたちを相手に、互角以上の戦いを見せた。

全体の中段からという不利なスタート位置だったにもかかわらず、序盤周回でうまく順位を上げて先頭集団に追いつき、八周目にはトップに立った。

数年の活動休止期間を経て二〇一五年に参戦を再開したスズキは、ライバルメーカーのホンダやヤマハ、ドゥカティよりもルール面での制約が緩やかなコンセッション（特例措置）を適用され、いわばゲタを履かせてもらう有利な条件下で前年シーズンを戦っていた。その二〇一八年は、ふたりのライダーで計九回の表彰台を獲得したが、それはあくまでコンセッションを適用されていた優遇条件下でのリザルトだ。

その適用から外れた二〇一九年の初戦で、これだけのパフォーマンスを発揮している。

ということは、スズキとリンスの戦闘力はいよいよ本物になってきた、と見てもよさそうだ。今年から最高峰へステップアップしてきた二十一歳のチームメイト、ジョアン・ミルが、ルーキーながらリンスたちの先頭集団から少し後方の四番手を走っているところも、スズキにとっては心強い眺めだっただろう。

やがて周回を重ねると、ミルはトップ集団のペースについて行けなくなり、やや引き離されて前との距離が開いてしまったが、リンスは依然としてトップグループを走行し続けた。

カタールのロサイル・インターナショナルサーキットは、高低差に乏しいフラットなレイアウトで、右コーナー十、左コーナー六からなる。その全長五三八〇ｍのうち、最終コーナーを立ち上がって一コーナーに差し掛かるまでのメインストレートが一〇六八ｍを占めている。動力性能に勝り、トップスピードの高さで勝負できるドゥカティやホンダと比較すると、旋回性能や機敏な軽快さを武器とするスズキにとって、やや不利なコースデザインだ。

ドゥカティのデスモセディチGP19を駆る、前年度ランキング二位のアンドレア・ドヴィツィオーゾと、三年連続チャンピオンの王者、ホンダのマルク・マルケスがレースをリードしていた。リンスはその二台の直後につけ、先頭グループで周回を続けた。

終盤はドヴィツィオーゾとマルケスにわずかながら先行を許し、彼らのバトルに加わることはできなかったが、それでも後方から追い上げてきた他のライバル選手たちと三つ巴の激しい三位争いを繰り広げた。最後は僅差で表彰台を逃したものの、三位と0・137秒差の四位という結果は、コンセッションがなくなってライバルたちと同一条件で戦うシーズンの初戦ということを考えれば、まずまずの好内容といっていいだろう。

レースを終えてピットボックスの裏へ出てきたリンスは、

「とても楽しく戦えて、いいレースだった」

と、レザースーツ姿のまま、まだ汗のにじむ顔に笑みを泛かべながら話した。

「序盤から何度も、上位陣で抜いたり抜かれたりしながら、最後まで戦いきることができた。高速コーナーでは速さを発揮できるけど、ウチはトップスピードが課題なので、長い直線はやはり厳しかったよ。スズキのバイクには長所と短所があるけど、それはドゥカティやホンダだってそれぞれいいところと悪いところがあるわけだからね」

最後までしっかりと戦えた手応えを強調しながらも、やはり一抹の悔しさは拭いきれないようで、即座にこう付け加えた。

「正直なところ、ゴール直後はやっぱり悔しかったよ。勝てる可能性があったわけだからね。でも、スタート前から厳しい戦いになると予測していた今回のレースで、何度もオーバーテイクしながら上々の走りをできたのは、シーズン前からチーム全体で一丸となって努力を続けてきた成果だし、自分自身にとっても、今回はすごく勉強になる一戦だった」

充実した口ぶりで話すリンスのコメントを聞きながら、スズキの開発ライダー、青木宣篤が開幕前に話していたことばがふと脳裏をかすめた。

(今年のウチのマシンは、少なくとも何回か優勝できるくらいのポテンシャルには仕上がっていると思うんですけどね――)

ＭｏｔｏＧＰ三年目のシーズンになるリンスは、昨シーズンに五回の表彰台を獲得している。とはいえ、まだ優勝は一度も経験していない。

そこで、彼自身の裡に培いつつあるであろう自信と、今シーズンのスズキＧＳＸ‐ＲＲに感じている手応えを探る意味も込めて、青木のことばをそのまま質問のかたちでリンスにぶつけてみた。

「今回は四位という結果でしたが、シーズン中に優勝できそうな手応えを今日のレースで摑むことができましたか?」

「もちろん」

リンスは即座にうなずいた。そして、

「今年は、少なくとも二、三戦くらいは勝てると思うよ」

あたりまえのことを淡々と話すようにいった。

このことばが、これから先のレースでどんな意味を持つことになるのか、そして、今後の戦いでいったい何が自分たちを待ち受けているのか。このときの彼はまだそれを知るよしもない。

第一章

勝てない憂鬱

1

スズキがＭｏｔｏＧＰから撤退するかもしれない、という噂は、二〇一一年シーズンになっていきなり囁かれだしたわけではない。

この話題がパドック内でさかんに人々の口の端にのぼるようになったのは二〇一〇年の夏ごろだが、さらにそれを遡って二〇〇九年にもすでに、邪推に近いような憶測として語られることがあった。

そのたびに、根も葉もない風説として一笑に付されたり、あるいは公式な取材に対応したチーム関係者がメディアを通じて否定のコメントを出した。だが、それでもスズキ撤退説は、思い出したようにときおり浮上する、ある種の「定番の噂」と化していた。

その背景になったのが、この当時の世界経済を覆っていた不況の波だ。

二〇〇八年九月に、アメリカ合衆国の投資銀行リーマン・ブラザーズが経営破綻したことに端を発するこの世界的な金融危機は、日本では「リーマンショック」という通称で知られている。この世界不況の波は、ＭｏｔｏＧＰのパドックにも大きな影響をもたらした。

その大きな煽りを受けたのが、カワサキレーシングチームだ。

カワサキは日本の四大バイクメーカーの一角を占め、世界的にも人気のブランドだ。そのファクトリーチームが、突然のレース活動休止と撤退を発表したことは、世界中のロードレースファンに大きな衝撃をもたらした。のみならず、モータースポーツへの熱意が薄い日本のメディアでも、この出来事は経済情報のトップニュースとしてテレビや新聞などで大きく報道された。

だが、いまとなってはもはや十年以上も昔のできごとだ。この当時の重苦しい記憶はもはや風化しつつあるかもしれない。若い世代なら、そもそも体感的にぴんとこない、という場合もあるだろう。

あの時代の雰囲気を感じ取っていただくために、当時の共同通信に隔週でコラムを連載していた拙稿のなかから、このニュースについて取り上げた二〇〇九年一月上旬掲載のものを、少し長くなるが以下に引用してみたい。

底の見えない世界同時不況が、モータースポーツの世界にも深刻な影を落としている。昨年十二月五日に本田技研工業がＦ１からの撤退を発表し、続いてスズキと富士重工（スバル）もＷＲＣ（世界ラリー選手権）から撤退する旨を発表した一連のニュースは、自動車業界の不振と低迷を象徴する出来事として各メディアで大々的にとりあげられた。

この影響は二輪界にも及んでいる。ドゥカティがＢＳＢ（英国スーパーバイク選手権）から撤退、ホンダがＡＭＡ（米国選手権）ロードレーシングでワークス活動を中止、と不況のしわ寄せはじわじわと各方面にあらわれはじめた。そして年末も押し迫った十二月二十九日から三十日にかけて、カワサキがＭｏｔｏＧＰから撤退するという情報が世界を駆けめぐり、関係者やファンを驚かせた。

二輪ロードレース最高峰のＭｏｔｏＧＰには、日本を代表するホンダ、ヤマハ、スズキ、カワサキと、イタリア企業のドゥカティの計五メーカーが参戦している。カワサキは一時期に参戦活動を休止していたものの、二〇〇二年の日本ＧＰから復帰。〇四年から〇六年の三年間は日本人選手の中野真矢を擁して戦い、表彰台も獲得した。〇八年シーズンは苦戦を強いられたが、シーズン閉幕後の十一月には新たなライダーやスタッフを率いてオーストラリアで〇九年シーズンに備えたテストもスタートさせている。

それだけに、今回の決定はカワサキレーシングチームの関係者にとっても、まさに『寝耳に水』の出来事だったようだ。スタッフに対し、カワサキ側から撤退する旨の連絡があったのは「ファクトリーがクローズする前日くらい」だったという。

ライダーやスタッフへ通知が行われた後に欧州各メディアがこの情報を察知したのだが、タイミングの悪いことに、年末の十二月二十九日や三十日から一月四日の期間は日本の正月休みで、企業窓口はいっさい動かない。そのために、さまざまな憶測も飛び交った。カワサキレーシングチームの関係者は「ホンダもＦ１から撤退するくらいの不況だから、ある程度のことは予想していた。しかし、すでに二〇〇九年の契約も済ませて動き出したなかでの撤退決定だから、相当大きな決断だったのだろう。KHI（川崎重工）は二輪車だけの企業ではないので、他の部門からの影響が強かったのではないか」と語っている。

振り返ればカワサキがMotoGPに参戦を計画した当初は、業務提携を結んでいたスズキと共同開発のエンジンを使用する、という前提でプロジェクトが進められていた。カワサキのエンジニアたちは、スズキの所在地浜松にアパートを借りるところまで具体的に話が進んだ。しかし、土壇場になって彼らは「やはり自分たちの手でエンジンを作りたい」と上層部に直訴し、志を同じくする多くの社員が奔走した。その結果、二〇〇二年一月、彼らの熱意が会社を動かしてカワサキは独自参戦へと方針を転換させた。ライムグリーンカラーのNinja ZX-RRが出来上がった背景には、そんな経緯がある。

あれから七年。世界同時不況の影響とはいえ、まさかこのような形であっけなく撤退することになろうとは、誰にも想像はできなかった。

このコラムでも言及しているが、世間にもっとも強い衝撃を与えたのは、ホンダがF1撤退を発表した一件だ。本田技研工業社長（当時）の福井威夫が、目に涙を溜めながら記者会見の壇上で撤退を発表する姿は、それだけ今回の不況が深刻なものであることを世間に認識させた。そして、モータースポーツ活動に要する予算が企業活動を圧迫しうるほど大規模なものである、ということも、あらためて白日のもとに晒す格好になった。

カワサキの突然の撤退発表も、MotoGPの関係者やファンには大きな衝撃をもって受け止められた。だが、それを予感させる出来事は、じつはパドック内ですでにいくつも発生していた。

たとえば、二〇〇八年秋の段階で、中小排気量の125ccクラスや250ccクラスでは、資金繰りがつかず二〇〇九年シーズンの参戦を見合わせるチームがすでに散発的に発生していた。来季の出資を見合わせるスポンサー企業も少なからずあった。

これらのなかでも、オーストリア企業KTMの250ccクラスファクトリーチーム活動休止は、その唐突さとも相俟《あいま》ってパドック内外に大きな波紋を投げかけた。

二〇〇八年終盤の、シーズンはあとわずか二戦を残す段階で明らかにされたこのニュースには、関係各方面が驚いた。なかでも、KTMのファクトリー契約選手で来シーズンもこのチームに残留する予定だった日本人選手の青山博一には、この報せはまさに青天の霹靂《へきれき》というほかない出来事だった。

行き場のなくなった青山は、シーズン最終戦が終了しても翌年の帰趨が決まらず、ようやくホンダ系のチームでシートが見つかったのは、年末も押し詰まった時期だった。

そしてもうひとつ、先述のコラム末尾で触れていたカワサキとスズキのMotoGP共同開発計画に関しても、その後の両社のあゆみと二〇〇八年世界不況への対応を理解する意味で、多少の説明が必要だろう。

二輪ロードレース世界選手権の最高峰クラスは、二〇〇二年シーズンに2ストローク500ccから4ストローク990ccへと、エンジンの技術仕様を大きく変更した。それに伴い、競技そのものの呼び名も、それまでのWGPという略称に代えて、MotoGPというキャッチーな呼称が正式採用されることになった。

4ストローク990ccのMotoGPマシンが初めて走行する二〇〇二年シーズンは、移行期間の経過措置として、従来の2ストローク500ccバイクの混走も認められていた。だが、マシン性能では4ストローク990ccのほうが優れていることは誰の目にも明らかだった。

ホンダやヤマハは、二〇〇二年に採用される新しい技術規則が公表された二〇〇〇年から、それぞれ独自に4ストロークマシンの研究開発に着手していた。一方で、スズキとカワサキは、共同開発でMotoGPマシン用のエンジン製作を進める方向で検討していた。

本来ならライバル同士であるはずのスズキとカワサキがレースの世界で共同開発プロジェクトを推進しようとしたのは、当時、この二社が業務提携を結んでいたという事情がその背景にある。

両社が、国内と海外市場で量産車を相互にOEM供給する基本合意を発表したのは、二〇〇一年八月。

二〇〇二年二月には、供給モデルも発表し、「今後も、更なるOEM供給や新商品開発、部品の共通化などを積極的に推進しながら、提携の実効を上げていく」(プレスリリースより)と明らかにした。

企業の技術開発能力をアピールする場であるモータースポーツの分野でも、この業務提携に基づいて、プロトタイプのマシン開発が進められることになった。具体的には、スズキの4ストローク990ccエンジン開発に、カワサキから派遣された技術者が相乗りして協力する、という格好で話が進んでいった。

当初、スズキは二〇〇三年シーズンからMotoGPマシンを投入する予定だった。だが、将来のない2ストロークマシンでさらに一年間参戦することの意義や4ストロークマシンの将来性などについて社内で協議検討をした結果、最初の予定よりも一年前倒しして、二〇〇二年の開幕戦から新時代の技術規則に沿ったマシンで参戦することになった。

一方、カワサキは、スズキの本拠地である浜松に人員を派遣する方向で二〇〇一年から調整を進めていた。技術者たちはミーティングでスズキを訪れた際に不動産屋も訪れ、共同プロジェクト期間中に暮らす住居を探して回った。しかし、その期間中も彼らの内心には割りきれない思いがずっとくすぶり続けていた。

4ストローク990ccエンジンのプロジェクトはスズキの施設内で進められる。人員もスズキ側のほうが圧倒的に多い。名目的には共同事業というものの、おそらく自分たちは設計や開発の核心部分に触らせてもらえないのではないだろうか。そもそも、世界選手権の頂点でライバルメーカー各社と技術力を競い合う場で、他社のＯＥＭ供給のエンジンを使って参戦するという妥協に甘んじて、はたして我々は技術者としての矜恃を保てるのだろうか。

しかも、スズキは4ストロークマシンでの参戦を当初の二〇〇三年から一年前倒しにしたという。つまり、彼らは予定よりも一年早く実戦を経験して、レース現場からフィードバックされてくるデータを蓄積できる、ということだ。その反面、自分たちはさらに一年、指を咥えてそれをただ見ていなければならない。

「やはり、自分たちの手で設計したオリジナルエンジンでＭｏｔｏＧＰに参戦したい」

技術者たちは、万感の思いを込めて社内の上層部にそう訴えた。その結果、当初の決定が覆され、二〇〇二年一月に急遽、カワサキは独自のエンジン設計で参戦する方向へ針路を変更した。そして、急ピッチで開発を進め、二〇〇二年十月に栃木県ツインリンクもてぎで行われたパシフィックＧＰに、まさにすべり込むような形で参戦を果たす。

これが、５００ccクラスからＭｏｔｏＧＰクラスへと移り変わっていく時代の水面下で、スズキとカワサキというふたつの陣営が経験した出来事の概要だ。

これは結果論だが、両社のＭｏｔｏＧＰエンジン共同開発プロジェクトが実現にいたらず頓挫したことは、両社にとって正解だった。

もしも、業務提携という傘の下で〈借り物〉のエンジンを使ってカワサキが参戦を実現していたならば、短期的にある程度の初期開発費用を抑制する効果はたしかに見込めていただろう。しかし、〈男カワサキ〉との異名を持つ独特の剛毅さを愛するファンにとって、他社の衣装を身に纏って戦うことはアイデンティティの毀損と同義であっただろう。

しかも、スズキのＭｏｔｏＧＰマシンが採用したエンジン型式はＶ型４気筒であり、伝統的にインライン４を得意とするカワサキにとって、この未知のエンジンはまさに借り物以外のなにものでもない。

では、企業にとってモータースポーツに参加するもうひとつの大義である、ブランドイメージの向上、という面ではどうだろう。

業務提携の範囲をプロトタイプレーシングにまで及ぼすことで抑制できるなにがしかの開発費と、両メーカーのファン心理が企業のプレゼンスへ及ぼす影響を天秤にかけてみた場合、特に後者の〈モータースポーツが企業に与える経済効果〉は収益などの数値に表れにくい部分だけに、判断の難しいところではある。だが、両社のエンジン共用により、そもそもファンの応援にも〈業務提携〉が成立するのか。あるいは、スズキとカワサキがそれぞれ独自に持つ存在感と熱狂的なファンの思い入れに、かえって水を差すことになってしまうのか。

そう考えたとき、ＯＥＭによって思い入れに水を差すことはありえたとしても、独自開発時と同じ熱量の応援を〈提携先〉と分かち合うことについては、さほど大きな期待をできなかったのではないだろうか。

このように、カワサキの場合は、ＯＥＭエンジンの使用によりブランドイメージの独自性を毀損する蓋然性はかなり高そうだったが、一方のスズキ側はというと、事実上自前で開発したエンジン、すなわち技術力を提携先に供与する〈ギブ〉は明確だが、経費の削減やレース界での戦闘力と存在感向上など、実利面でどのような〈テイク〉を得られるのか、となると、これは未知数どころかむしろはなはだ不透明だ。

さらにいえば、両社の量産車のＯＥＭ供給は二〇〇七年に終了している。

等々のことがらを勘案していけば、土壇場で両社がそれぞれが独自の道を進むと決定したのは、まさしく正解だった、というべきだろう。

技術者たちの情熱的な志に支えられて二〇〇二年のシーズン途中からＭｏｔｏＧＰへの参戦を果たしたカワサキだったが、リーマンショックの影響により、二〇〇八年シーズンを最後にＭｏｔｏＧＰから去ることになった。しかし、レースを運営するＤＯＲＮＡスポーツ社との間にはまだ参戦契約年数が残っていた。そのため、カワサキのファクトリーチームだった陣容は、二〇〇九年にプライベーターのハヤテレーシングと名称を変え、ふたりのライダーで参戦する最初の計画からひとりのライダーへと規模を大幅に縮小し、一年間の参戦を果たした。

一方、スズキは新開発のエンジンを擁して、ＭｏｔｏＧＰ初年度の二〇〇二年開幕戦に新しい技術規則に沿ったマシンＧＳＶ‐Ｒで参戦を果たした。

そのＶ４エンジンにはＸＲＥ０という開発コードが与えられた。

カワサキにとってＶ型のレーシングエンジンが未知のものであったのと同様に、スズキにとっても、プロトタイプのレース用４ストロークエンジンにＶ型４気筒を採用するのは、大きな冒険だった。２ストローク５００cc時代のスズキはＶ４エンジンで戦い続けてきたとはいえ、４ストロークでＶ４の経験はない。量産車を改造したマシンで戦うスーパーバイク《SBK》世界選手権でも、当時のスズキが使用していたのは、インライン４のＧＳＸ‐Ｒ７５０だ。そもそも、スズキの量産車にはＶ型４気筒エンジンを搭載したオートバイはラインアップされてない。

では、いったいなぜスズキはＭｏｔｏＧＰマシンにＶ型エンジンを採用したのか。

定説では、高出力でコンパクトなＶ４がレース用として設計するには最適であったから、だとされている。さらに、車体が２ストローク時代に一世を風靡したＲＧＶ‐Γを踏襲したものであったことも、Ｖ型の選択に少なからず関係している。

このＸＲＥ０の設計開発に大きな役割を果たしたのが、佐原伸一だ。

一九六四年七月生まれの佐原は、一九八九年にスズキに入社。最初に配属された部署が、東京モーターショーへ参考出品するような車輌を研究する先行開発グループだったことは、当時の日本経済がバブル景気のピークを迎えつつあった時代背景をよく反映している。

一九八〇年代後半は、日本国内で鈴鹿八耐やＷＧＰなどのレースが若者を中心に大きな人気を集めていた時代でもあった。佐原と同期に入社した全員が、当然のようにレースグループを志望した。

佐原ももちろん、レースは大好きだったが、

「自分自身も趣味でレースをしていたので、仕事でもやるとなると、自分がレースをする時間がなくなってしまう」

という理由で、同期で唯一、レースグループを志望しなかった。その佐原が、先行開発グループで三年ほど過ごしたのちにレースグループへ異動になり、やがてスズキのＭｏｔｏＧＰ活動の中心を担う場所へと押し出されてゆく。そして、二〇一一年の活動休止に直面した際には継続の方法を模索して八方手を尽くし、飄々とした風貌の痩躯からは想像できないほどエネルギッシュに動き回った。また、数年後の復活に際しても、広範な人脈を活用して活動再開に重要な役割を果たすことになる。だが、それはまだしばらく先の話だ。

先行開発グループを経て、一九九五年の晩秋にレースグループへ配属になった佐原は、この当時から痩せ気味の長身であった。だが、後年に後輩たちから〈さる兄《に》い〉の愛称で慕われる人望を得るほどの豊富な経験は、まだ獲得していなかっただろう。

佐原は、スーパーバイクのエンジン開発を担当することになった。

先述のとおり、スーパーバイクという総称は、量産車のスポーツモデルをレース用に改造したマシンで争う競技を指す。スーパーバイク世界選手権《ＳＢＫ》を筆頭に、全米選手権《ＡＭＡ》、全英選手権《ＢＳＢ》、そして全日本選手権など、各国の国内選手権もこの当時からスーパーバイクの車輌で争われていた。佐原は、米国デイトナのレースへ出張し、全日本選手権ではデータ解析やキャブレターセッティングを担当するフィールドエンジニアとして働き、やがてＳＢＫのアルスターズスズキチームに帯同して二年間を過ごす。

４ストロークエンジンの経験を積み重ねていた佐原に、技術仕様が変更になるＭｏｔｏＧＰのエンジン開発担当として白羽の矢が立ったのは、ある意味では必然の経緯だったのかもしれない。

とはいえ、佐原はエンジン設計のプロフェッショナルだったわけではない。４ストロークのレーシングエンジンをよく知っているとはいっても、それはあくまでレース現場やエンジン実験に関するノウハウや経験だ。

「ＣＡＤもなんとなくならわかる、といった程度で、そんな人間に〈それでもいいからやれ〉というのは無茶な話ですよ」

と、過去を思い出して笑う。

「さいわい、いっしょに仕事をすることになったもうひとりがエンジン設計屋さんだったので、そのふたりで文献や資料にあたり、相談しながらプロトタイプエンジンを作っていきました。V型は、高出力だし、レース用エンジンとして幅もコンパクトにできる。しかも、クランク軸の数を減らす、というメカニカルロスの面でも有利ですから。そのときに、ケニー・ロバーツJr.が二〇〇〇年にチャンピオンを獲った2ストロークマシン（RGV‐Γ）の車格を4ストローク化できないか、という話が出てきたんです」

二輪ロードレースの頂点を競うMotoGP用マシンを製造するのであれば、その基準は量産車のGSX‐Rではなく、過去に実績のあるΓが指標になるだろう、という考え方が、その話の出発点になった。

だが、その発想がレースや技術への造詣が深くない人々に伝わってゆくうちに、「それはいい考えだ」「Γの車体をそのまま使えばいいだろう」という話にすり替わっていった。

チャンピオンを獲得した実績のある車体とはいっても、そこに乗るエンジンが2ストローク500ccと4ストローク990ccでは、馬力も出力特性も異なる。

「そのまま、と言ったって、〈剛性バランスなども〉変わるので無理じゃないですか。〈500のフレームに乗せろ〉といわれても、そのままじゃ乗りませんよ。だから、まったく同じフレームじゃないんだけど、なるべく近くの寸法にして、幅や要所要所のジオメトリなども踏襲しました。結果的には、ぼくみたいなエンジン設計の素人が入りながらも、まあまあの水準のものが当時としてはできましたよ」

つまり、RGV‐Γの実績を反映した車格に搭載できるよう設計されたコンパクトなV4エンジンがX

RE0だった、という考え方もできるだろう。
たとえばライバルメーカーのホンダが、まったく新しい発想で新時代の要請に合致したバイクRC211Vを作り上げた潤沢な開発体制と比較すれば、スズキの資源環境にはある程度の制約があった感は否めない。ただ、冷蔵庫にある具材を最大限に利用して美味しいチャーハンを作るようなエコノミカルな手作り感は、いかにもスズキらしい職人芸、ともいえるだろう。

MotoGP初年度のスズキは、ケニー・ロバーツJr.がランキング九位、セテ・ジベルナウが十六位という成績で二〇〇二年シーズンを終えている。チームのタイトルスポンサーだったスペインの通信会社テレフォニカ・モビスターは、スペイン人選手ジベルナウが翌年にホンダのグレシーニ・レーシングへ移籍したことに伴い、スズキからグレシーニへとスポンサーを移ってしまった。その結果、スズキは二〇〇三年以降、しばらくの間、チームにタイトルスポンサーのない〈ノーブランド〉状態で戦うことを余儀なくされる。

成績不振やタイトルスポンサー不在などの出来事が重なり、やがて、スズキのMotoGPチームは、ライバルであるホンダやヤマハ、ドゥカティなどと比較すると、予算に苦労をしているチームというイメージがいつのまにかつきまとうようになった。

カワサキが二〇〇八年限りでＭｏｔｏＧＰから撤退して以降、「次はスズキか⁉」とあちらこちらで噂かれるようになった理由は、以上のような事情を持つチームに対するある種の印象が、パドックのなかで何年もかけて醸成されていったことも大きな要因になった。

2

予算、ということについて、ここで少し考えてみたい。

モータースポーツに膨大な金がかかることは、リーマンショック後の一連の出来事からも容易に想像できる。では、ＭｏｔｏＧＰでチームを一年間運営する場合、その予算はいったいどれくらい必要になるものなのだろう。

もちろんその金額は、オートバイメーカーが自らの研究室でプロトタイプマシンを開発して参戦するファクトリーチームと、そのメーカーからオートバイをリース・購入して参戦するサテライトチーム（近年では、従属機関のような意味合いを持つ〈サテライト〉という語よりも、自助努力で独立して存在するチーム、というニュアンスで〈インディペンデント〉ということばが使われる傾向にある）では、大きく費用が異なる。研究開発費の有無だけを考えても、両者の運営費用には大きな違いがあることは論を俟《ま》たない。ただし、このメーカーの研究開発費に関しては、企業活動のいわゆるR&Dのどの部分までを「MotoGPに関わる活動費」に算入するかで、大きく数字は変わってくるだろう。

ともあれファクトリーチームと独立チームに共通するのは、シーズンを通じて世界中のサーキットを転戦することに必要な諸々の費用部分だ。

二〇一九年シーズンのMotoGPは、全十九戦のレースが行われた。開幕前の二月と三月にはマレーシアのセパンサーキットとカタールのロサイルインターナショナルサーキットで各三日間のプレシーズンも実施されている。さらに、シーズン中にはレース翌日の公式テストが三回（カタルーニャ、レッドブルリンク、ミザノ）あり、最終戦バレンシアGP終了後には翌年のチーム体制で二日間のテストを行うことも慣例になっている。

これらのレースやテストで必要になるのは、おおむね以下のような費目だ。

選手がオートバイを走らせ、それを万全な状態に保ち続ける整備費用、そのために必要な各種備品やガレージの設営に関わる費用、パドック内でチーム関係者が過ごし、ゲストの供応やメディア対応に使用するホスピタリティ施設の運営費。そしてこれらの設備をサーキットからサーキットへと運ぶ運送費。チームで働くスタッフたちの移動宿泊費も、これらの経費に加算して計上しなければならない。彼らに支払う給与も、もちろん必要だ。そして、報酬ということについていうならば、もっとも肝心で莫大な金額にのぼる選手契約金も、当然ながら一年間のレース活動経費に組み込まれる重要な費目だ。

これらの予算に関しては、ホンダファクトリーのレプソルホンダチームを四半世紀以上にわたりタイトルスポンサーとして支えてきた国際的エネルギー企業レプソルが、その一部を公開している。あくまでもざっくりとした概算だが、その数字も参考にしながらMotoGP参戦に必要な各種費用の一部を、ここで少し紹介しておこう。

■レース用バイク

MotoGPでは、選手一名あたり二台のレーシングバイクを使用する。現在のルールでは、エンジンはシーズン中の開発部品投入が禁止されている。そのため、内密にアップデートされることを防ぐ目的で、すべてのエンジンには開幕前に封印が施される。このエンジンは、選手一名につきシーズン中に七基まで使用できる（特例の優遇条件適用チームでは選手一名あたり年間九基まで）。つまり、選手たちがシーズン中に使用するバイクは、この七基のエンジンを二台の車体に乗せ換えながら一年を戦う、ということになる。

この、選手一名に必要な二台のバイク（＋エンジン七基）の費用が約二〇〇万ユーロから二五〇万ユーロ程度（二億三六〇〇万〜三億円。以下、すべて日本円で換算）、と前記のレプソルは見積もっている。

ところで、シーズン十九戦を戦うにあたり、チームはエンジンの走行距離を厳密に管理することで耐久性を担保する。これは他のさまざまな部品についても同様だ。一般的な量産バイクでは消耗品と見なされないような部品でも、ＭｏｔｏＧＰの世界では徹底的に距離管理が施され、所定の使用距離を経た部品は、適宜、新しいものと交換される。時速３５０㎞に到達する乗り物である以上、どのメーカーも安全性に細心の注意を払うのは当然のことだ。

選手が転倒した場合も、損傷した部品は随時交換される。

バイクの外装を構成する部分は、一般的にフェアリング、カウル等と呼称される。エンジンや車体を保護するという目的以外にも、前面部分やマシン側面、あるいはテール部分の裏側に至るまで大小さまざまなスポンサーのロゴがきらびやかに並ぶ場所でもあるため、広告や広報活動の面でも重要な意味を持つ。

さらに近年では、ウィリーの抑制や整流効果によるトップスピード向上など、エアロダイナミクス効果を担う役割も大きくなってきており、マシン性能を左右する部品としての重要度はますます大きくなっている。素材は、軽量化を図って炭素繊維（ＣＦＲＰ）が使用されているが、転倒するとまっさきに損傷するのが、この外装部分だ。

かつては、「ひとコケウン百万円」等といわれたが、現在も事情は大差ない。むしろ、エアロダイナミクスの役割がますます重要になりつつある昨今、これら空力パーツを含む外装部分の損傷は、ひょっとしたら数百万円程度ではすまないかもしれない。あるチームのチーフメカニックによると「損傷の程度次第だが、転倒を交換パーツなどの金額に換算すると、だいたい数百万から一〇〇〇万円の間くらい」だともいう。派手な転倒でスイングアームなどの大モノパーツが破損したり車体が真っ二つに折れるような〈全損〉状態だと、修復に要する費用は、あらたにレーシングバイク一台をリースするのに近い金額に到達したとしてもけっして不思議ではないだろう。

このような交換部品をすべて計上していけば、パーツ類にかかる一年間の費用総額が、マシン費用とは別途に一億円を上回ったとしても、驚くにはあたらない。

ちなみに、この項で挙げた各金額には、プロトタイプレーシングマシンを製作する際に必要不可欠な、メーカー内での設計や研究開発予算等は算入していない。

■ピットガレージ等の設備に関わる費用

ピットボックスのガレージは、チームで働くメカニックやエンジニアたちにとって、いわば職場ともいうべき場所だ。バイクのメンテナンスやパーツ交換などの作業を迅速かつ整然と行うために、ツール類や各種備品は常に整理整頓された状態で、それぞれがあるべき場所に合理的かつ機能的に管理されていなければならない。また、ピットボックス設備全体も、レースが放送や通信の各種メディアを通じて世界的に何十億人という人々の目にさらされる以上、世界最高峰の二輪ロードレースに相応しい高級感と清潔感をアピールできる内装を維持しておきたい。

これらの内装に使用する建具や、ピット内の作業用ツールと各種備品類、そして選手たちのオートバイ等は、長大なロングトレーラーに積載してサーキットからサーキットへ運搬される。MotoGPクラスでは各チーム二台のトレーラーを使用するのが通常で、サーキットに到着すると、荷物を満載したトレーラーはピットビルディングのパドック側に、後部をビルに向ける形で、二台並列に駐車される。トレーラーの中身をピットガレージに搬入した後は、トレーラーの内部はパーツ管理用の臨時倉庫や、スタッフのレース開催期間用オフィスとして利用される。ホンダやヤマハの場合は、これらのトレーラーとは別にさらに一台、エンジニアたちのオフィス専用トレーラーが存在する。ピットボックスのパドック側に、これらのロングトレーラーが何十台もずらりと居並ぶ重厚な迫力は、ヨーロッパのサーキットでしか見ることのできない偉容だ。

さらに、ガレージ設備とは別に、パドックの少し離れた一角には各チームがホスピタリティ施設を設営している。

チーム関係者の食事や、選手取材、各種記者会見、チームが絡む重要なビジネスミーティングなどはすべてこのホスピタリティが使用され、スポンサーやゲストの供応にも活用される。

二〇〇〇年を過ぎた頃までは、どこのチームもホスピタリティといえば大きなテント型スペースのなかにテーブルや椅子を配置したものがほとんどだった。しかし、最高峰クラスのMotoGP化と前後して、このホスピタリティ設備は現在に至るまで、各チームが競い合うように豪奢化の一途をたどっている。

具体的には、二〇〇三年にイタリアメーカーのドゥカティがグランプリに復帰した際に豪勢なトレーラー設備のホスピタリティを持ち込んだことが、現在のラグジュアリー化の契機になった。

ドゥカティは、コーポレートカラーの赤一色に彩られた二台のトレーラーを少し離して横に並べ、その車輌間に建材を張り渡して床や壁、屋根の造作を構成することで、高級感のある一戸建てのような設備を作り上げた。トレーラーの天蓋には、当時のパドックには珍しい、螺旋階段で登ることのできるちょっとした展望台のようなスペースも設けていた。

そのなかで給仕される食事は、当然ながら上品なイタリアンだ。内装や調度にも高級感の漂う工夫を凝らしたこのホスピタリティは、当時のパドックではひときわ鮮烈で壮麗な印象を周囲に振りまいた。

やがて数年もしないうちに、ホンダやヤマハ、スズキ、カワサキなどのファクトリーチームはもちろん、メーカーからマシンをリースして参戦する独立チームも、すべてのホスピタリティが競い合うように豪華になっていった。二〇一七年からMotoGPクラスに参戦を開始したKTMファクトリーチームのホスピタリティに至っては、世界的エナジードリンク企業レッドブルの潤沢な資金力に支えられていることも関係しているのか、もはや市街地のビルディングと見紛うような外観と内装を誇っている。

これら豪奢なホスピタリティが覇を競うように蝟集する一角は、パドックの中でそこだけがまるでちょっとしたレストラン街かビジネス街と化したかのような趣すらある。トレーラーと建材を組み合わせた〈一夜城〉の建造物がずらりと立ち並ぶ瀟洒で華麗な雰囲気は、いまではMotoGPの高級感を語る際に欠かすことのできない要素のひとつにもなっている。

そして、これら各チームのホスピタリティには、当然ながら、腕のいいシェフやそのアシスタント、チームのコミュニケーションや営業担当スタッフ等々、そこで働く人々がいる。レースウィークを通してホスピタリティで働く彼らの仕事も、決勝レースが行われる日曜に向かってどんどん慌ただしさを増してゆく。

ところで、この「レースウィーク」ということばだが、意味合いとしては「レース開催期間」、具体的には準備日の木曜から決勝レースが行われる日曜までを指す用語だ。典型的な日本語英語で、同様の意味の英語表現としては、ごくふつうにウィークエンド、あるいはレースウィークエンドという言い回しが用いられることが多い。これらのことばからもわかるとおり、レースのスケジュールは週末の日曜を中心に構成されている。

レース用の荷物を満載したトレーラーは、おおむね火曜にサーキットへ到着する。ホスピタリティ用のトレーラーも、遅くとも水曜にはサーキット入りをすませている。ピット裏に配備されたトレーラーからチームのメカニックたちが荷物を手際よく搬出し、ガレージを設営するのは水曜日だ。ホスピタリティも、木曜の朝にはほぼ〈建設〉と〈内装整備〉が完了し、ミーティングや選手取材、チーム員の食事などに対応する準備を整えている。

そしていよいよ金曜の午前から走行が始まる。土曜の予選、そして日曜午後の決勝レースが終わると、そのサーキットでのイベントは終了だ。

レースが終わり、夕刻になると、各ピットではメカニックたちが総動員でガレージの撤収とトレーラーへの積み込み作業を行う。エンジニアたちは決勝レースで得た各種データの整理やミーティングで慌ただしい時間を過ごす。ホスピタリティも、ゲストの供応や選手取材等が終了すると一気に撤収作業にとりかかる。そして、すべての荷物を満載したトレーラー群は三々五々サーキットを後にして、次の会場へと向かう。

――と、長くなったが、これらの各サーキットでチームと選手がレースを行うためのガレージ用設備、そして全関係者が週末を快適に過ごすためのホスピタリティ施設に必要な一切合財。これらをすべてくまなくそろえなければ、ＭｏｔｏＧＰに参戦できない。その膨大な経費はもちろん、財務的に一年間の参戦費用に算入される費目だ。

■人件費、移動用経費、地代など

ここまで見てきたことからもわかるとおり、ひとつのチームの運営には、じつにたくさんの人々が関わっている。テレビに映るのは、ライダーと彼を支えるメカニックやエンジニア等、ごく一握りの人々だ。在庫のパーツ管理やホスピタリティ運営者、スポンサー対応や関係各方面との折衝を担当するコーディネーター、膨大な物資の搬送や人員移動などを滞りなく行うためのロジスティクス担当者などは、テレビ画面に映ることのない、まさに〈縁の下の力持ち〉的存在だ。

チームの中で仕事をするそれだけの人数が、レースのたびにサーキットからサーキットへ、国から国へと移動する。その経費もまた、莫大な金額にのぼる。

では、長いシーズンを戦うにあたり、チームスタッフ一名にかかる経費は、いったいどれくらいの金額にのぼるのだろう。私事で恐縮だが、日本人のフリーランスジャーナリストが一年間この競技を取材する際に必要な取材経費を、参考例として紹介しておこう。

日本からレース開催国までの航空券費用は、季節や航空会社によってある程度の差はあるが、平均すればエコノミークラスで一レースあたり十五万円程度。空港からサーキットへ移動し、レースウィーク中はホテルとの往復に使用するレンタカー代も、利用国と期間、保険の保障内容等で金額の高低差はあるが、水曜に借り出して月曜に返却する五日間のレンタルで約五万円。レース期間中の滞在場所は、朝八時すぎから夜遅くまで現場で仕事をすることを考えれば、できればサーキットに近いホテルに宿泊したいのが本音だ。しかし、利便性の高い場所にある宿泊施設ほど料金は年々高くなり、開催地によっては八万円や一〇万円の価格を設定するところも珍しくない。値段と利便性というトレードオフの関係で、どのあたりに妥協点をみつけるかは、いつも頭痛のタネだ。

これらを合計すると、一戦あたりの平均経費は雑費も込みでおおむね三〇万円。レース数は年間十九戦で、これに何度かのプレシーズンテストなども合計すると、一年にかかるＭｏｔｏＧＰ取材費用はおよそ五〜六〇〇万円程度、といったところだろうか。

これはあくまで、すべての経費を自分でまかなわなければならないフリーランスの取材者が日本とレース現場を往復する場合の、大まかな見積もり額だ。社会人ひとりの年収にも相当するこれほどの大きな費用を取材用に捻出することの大変さについては、またの機会に議論を譲りたいが、これらの経費を払う主体がホンダやヤマハ、スズキといった大きな企業の場合であっても、自分たちが抱える技術者やチーム関係者ひとりあたりにかかる金額はほぼ同程度と考えて差し支えないだろう。航空券にエコノミー以上のクラスを利用する場合なら、その部分の費用は当然ながら一・五倍〜二倍、あるいはそれ以上になってゆく。

ただし、ＭｏｔｏＧＰに参戦するチームは、どの陣営もヨーロッパ人スタッフが多数を占める。彼らの移動経費は、レースが欧州を転戦する期間中なら、航空券にかかる費用は日本との往復よりもはるかに安くなる。イメージとしては、日本の国内線航空券に近い金額だ。おそらく、日―欧往復にかかる費用の三分の一から四分の一程度だろうか。現在のスケジュールでは一年十九戦のうち十二戦が欧州開催(二〇二〇年はフィンランドGPが増えて全二十戦)で、残り七戦がアジア、オーストラリア、南北アメリカ、中東で開催されている。今後は欧州以外の開催地が増えるという予測もあるが、そうなればチームの経費見積もり額はさらにかさんでゆくだろう。

チームスタッフ一名に必要なシーズン中の転戦経費を、仮に四〇〇万円と見積もって、三十名のチームの場合、その人数にかかる費用は単純に計算しても一億二〇〇〇万円。人件費、として考えるなら、この費用にさらに各人に支払う給与を加算しなければならない。

チームには、さらにまだ必要な経費がある。

レースの指令基地ともいうべきワークショップにかかる費用だ。

たとえば、チームスズキエクスターはイタリアにワークショップを構え、ここを拠点として、トレーラーに荷物を満載して欧州各地のサーキットという〈前線〉へ向かう。日本に本拠地を構えるメーカー本体にとっては、このワークショップはヨーロッパでレースを戦うための橋頭堡、という意味合いも持つだろう。

レース活動を効率よく円滑に続けていくためには、これら不動産にかかる経費も計上しなければならない。

このように大まかに見てきただけでも、レース参戦には莫大なカネがかかることが容易に想像できる。このうえさらに、選手契約金などもすべて積み重ねていくと、いったいどれほどの金額になるのだろう。その詳細は、どのメーカーや独立チームも開示をしていない。ただ、二〇一九年シーズン開幕前にＫＴＭのＣＥＯステファン・ピエールが明かした「今季は四〇〇〇万ユーロ（約四八億円）の予算を用意している」ということばは、指標としておおいに参考になる数値だろう。

ＭｏｔｏＧＰで圧倒的な強さを見せ続けているホンダや、それを猛追するドゥカティが、このピエールの明かした予算をはたしてどれくらい上回る金額をＭｏｔｏＧＰに投入しているのか。それは外部の者には想像すべくもない。また、二〇一一年末でＭｏｔｏＧＰへの参戦をいったん休止したスズキが、それによっていったいどれほどの予算を削減できたのかも、外から見る限りではわからない。

だが、それはいずれにせよ一年間で軽く数十億円単位にのぼる金額であろうことは、ここまで見てきたことからも明らかだ。だからこそ、リーマンショックで体力を削がれていた十年前の企業にとって、モータースポーツへの予算投下はさらにスタミナを奪うに充分な重いボディブローのようなパンチであったのだろう。

さらに、企業にとってモータースポーツが厄介なのは、それによる企業認知の向上やブランド力強化という効果が、決算書類上の収益や利潤という具体的な数字には表れにくい、という点にある。

ＭｏｔｏＧＰをはじめ多くモータースポーツ分野に自社製品を提供してきたタイヤメーカーのある関係者はかつて、こんなことをいっていた。

「モータースポーツに参加するプラス効果は間違いなくある。しかし、とくに短期的には利益や株価という経済指標に表れにくいだけに、財務的な費用対効果が明確ではなく、社内でモータースポーツに対する理解を促すのはとても苦労することが多い」

かつて、レースの現場は「走る実験場」とも言われた。メーカー同士がレースの競争を通じて開発力を切磋琢磨し、そこで培われた多くの技術が量産車へ応用されていたからだ。そんな時代なら、レース活動はもっとも先鋭的かつ効率的な自社製品開発の場としておおいに大義名分が立つ。

しかし、先鋭化を続ける現在のＭｏｔｏＧＰは、各メーカーが一般ユーザーに販売する量産車とかけ離れた技術で争われている。たとえば、ＭｏｔｏＧＰで使用するエンジンのニューマチックバルブやシームレスシフトは、量産品に移植しようがない独特の技術だ。

一方で､近年激しい開発競争が行われているエアロダイナミクスの外装パーツは､ドゥカティやホンダが、スーパーバイク等のレース参戦も視野に入れた先鋭的な量産フラッグシップモデルに装備しはじめている。だが、サーキット走行で使用するのならともかく、同様のエアロパーツを一般消費者用の時速１００㎞で巡航する市販車にそのまま導入したとしても、装飾品以上の意味合いを持つ部品ではありえないだろう。

エンジン特性や燃費などを制御する電子制御技術も、ＭｏｔｏＧＰでは全メーカーがマニエッティ・マレリ社の共通ＥＣＵソフトウェアを使用しているため、インハウスの技術とは制御思想のレベルから互換性がない。

レースマシンから市販スポーツバイクになんらかの細かい要素技術が移植されていたとしても、それはもはや、広くアピールしやすい一目瞭然のものではありえないのが昨今の状況だ。たとえば、フィンガーフォロワー式ロッカーアームや可変バルブタイミングシステムは、近年の要素技術フィードバックのなかでも大きな成果のひとつだ。しかし、よっぽどのメカ好きでもないかぎり、これらの機構の意義や斬新さは容易に理解できるものではないだろう。

そうであるならば、ネイキッドモデルやアメリカン、あるいはスクーター等に応用可能な設計思想や要素技術は、ますます目に見えにくいものになっていかざるをえない。

日本の二輪メーカーの量産車にＭｏｔｏＧＰから転用されたキャッチーな技術は、二〇〇〇年代初期のホンダスポーツモデルが採用したリアサスペンションのユニットプロリンク、そして二〇〇九年ごろにヤマハの量産車エンジンへ導入されたクロスプレーンクランクシャフトが、近年ではおそらく最後だったのではないだろうか。

ことほどさように最先端技術の粋を競うプロトタイプマシンと量産市販車のありようが乖離しつつある現状で、モータースポーツの現場から市場へ移植できる〈目に見えてわかりやすい技術〉は、そうそうあるものではない。だからといって、メジャーな技術転用は今後まったくありえない、というわけでもないだろう。なにか〈大モノ〉を見つけ出すことができれば、それこそがイノベーションとして大きな注目を集めるはずだ。もちろん、そこには企業のＰＲやマーケティング技術の巧拙が大きく作用する、という側面もある。

この、レースから商品への技術転用について、スズキ株式会社代表取締役社長・鈴木俊宏は、自社の過去の活動をこう省みている。

「レースで得た技術をヒントにフィードバックしていくことができれば、カネをかけた効果はあるよなあ、と思いますよ。でも、そのアピールがウチの場合は弱いし、ずっと弱かった。そこは反省点として、今後、変えていきたいですね。変えなきゃいかんと思う。レースでトライして培った技術を商品に本当にフィードバックできていたかというと――、限られていたんじゃないのかなあ。二輪で培った技術を四輪や船外機に使えないか、という発想は、なかなかできていなかった」

その言葉に内包されている厳しさとは裏腹に、まるで駿河湾の暖流のように穏やかな口ぶりで、鈴木俊宏は話す。

スズキのシェアは自動車業界では国内第四位（二〇一九年現在）。二輪車や小型四輪車では、とくに根強く熱烈なファンを抱えている。俊宏は、先代社長で現会長の父、鈴木修の後任として二〇一五年に現在の地位に就いた。峻厳な現実主義者でしたたかな功利主義者としても知られる父の血を受け継いでいるだけに、その言葉の端々からは、ときにプラグマティックで厳しい経営理念や企業哲学が垣間見える。だが、穏やかであたりの柔らかい俊宏の口調が、ことばの印象を包み込むように和らげる。

「僕がいま声をかけているのは、二輪であろうが四輪であろうが船外機であろうが、どういうことをやっているのか皆で共有しろ、ということなんですよ。レース開発はレース現場の活動だけじゃないよ、ということです。レースではエンジンだけじゃなくて、車体も空力もやっていますよね。そういう技術って、たとえば四輪に使えないか、とか、マリンで何か応用できるんじゃないかとか、そういう発想っていままでなかったと思うんですよ。四輪と二輪の間でも、レースと商品の間でも」

俊宏の、このような部門横断的な交流を積極的に促す提案がある一方で、モータースポーツのプロトタイプマシンから量産車市場への技術転用と実利への応用は、先述したいくつかの実例に示したとおり、現代の二輪・四輪製造企業にとってどんどん期待しにくくなっている。

投下する膨大なレース活動資金に比して、それに応じた製品へのフィードバックなどの利潤追求効果を見い出す困難さは、技術が先鋭化すればするほど高まっていく。このパラドキシカルな現状を与件とするならば、企業はレースをする意義をどこに見い出すべきなのか。おそらく、先鋭的な技術開発を通じてブランドイメージや存在感の向上を図る広報活動の一環、あるいはスポーツを通じて社会や文化に貢献するCSR活動、と定義しなおすのがもっとも賢明で、自社製品ユーザーの直感に訴えやすい方法かもしれない。

だが、

「それも弱いと思う」

と俊宏はいう。

「だからさっきいったように、ウチは営業面でも二輪は二輪、四輪は四輪、マリンはマリンと分かれてしまっている。でも、同じスズキなんだから、スズキとして流れている血は、二輪、四輪、船外機で同じモノがあるはずなんですよ。それをブランドとして活かさない手はない。だって、二輪に乗ってるお客様だって四輪に乗ってるんだから、なにかしら共通するところに訴える同じものはあるだろう、と思うんですよね」

日本国内では、MotoGPという競技の認知は野球やサッカーにははるかに遠く及ばない。だが、欧州や東南アジア、あるいは南米諸国でも、この二輪ロードレースの世界最高峰カテゴリーは、レース翌日のスポーツニューストップで扱われるほど大きな人気を集めている。ロードレースそのものに一〇〇年以上連綿と続く歴史があるのだから、いわば日本でいえば高校野球のように、伝統と人気が人々の生活に深く定着しているのだ。

そのＭｏｔｏＧＰという競技に自社技術の粋を結集したプロトタイプオートバイが参戦し、ライバルメーカー各社としのぎを削っていること、また、それらのマシンを操るスーパーアスリートの選手たちが、優勝を競って毎戦激しい戦いを繰り広げていること。

それらを二輪・四輪の量産車市場で宣材として活用すれば、固定的なファンはむろんのこと、潜在的な購買層の好奇心や需要を刺激し、企業の存在感を高める有効なツールになるだろう。ＭｏｔｏＧＰの存在感がもともと四輪と二輪双方の市場に大きな影響力を持つ欧州やアジア地域はもちろん、日本市場でも俊宏が指摘するように〈二輪に乗ってるお客様だって四輪に乗ってる〉〈なにかしら共通するところに訴える同じものはあるだろう〉ことを考えれば、国内需要を刺激する梃子《てこ》に利用しない手はない。

だが、たとえそのように利用価値の高いスポーツであっても、リーマンショックの暗雲が世界じゅうを覆っていたあの時代には、一年間に数十億の経費がかかるＭｏｔｏＧＰは二輪製造企業が参戦継続を再考せざるをえないほど、あまりに重い荷物でありすぎたのだ。

3

「強いチームだったら、休止はもちろんしていなかったでしょうね。それは間違いない」

スズキがＭｏｔｏＧＰ活動を休止した二〇一一年当時にチーム監督の職にあったポール・デニングは、そう断言した。

スズキがＭｏｔｏＧＰの活動を一時的に休止する、と正式に発表したのは二〇一一年十一月十八日。プレスリリースは日本語英語の両バージョンとも、デニングがマネージャーを務めていたリズラスズキのチーム名義ではなく、スズキ株式会社の名前のもとに発行された。

そこに記されていた文章は以下のとおりだ。日英双方の内容に違いはないが、記録として両言語のテキストを記載しておく（いずれも、原文ママ）。

モトＧＰ活動の休止について
スズキ株式会社は、ＦＩＭ世界選手権モトＧＰへの参戦を２０１２年より一時休止することを決定しました。
これは、先進国市場の長引く不況、歴史的な円高、災害等により未だ厳しい環境にあるためです。

モトＧＰレースへは、２０１４年の再参戦を目途として競争力のあるマシン開発を行います。
なお、モトクロスレース活動、およびＦＩＭホモロゲーション取得、レースキットパーツ開発のサプライヤーへの協力など、市販車ベースのレースサポートについてはこれまでどおり継続して行って参ります。

TEMPORARY SUSPENSION OF MOTOGP RACING
Team Suzuki Press Office - November 18.
November 18, 2011 17:00 JPN Time（GMT +9）

Suzuki Motor Corporation has decided to suspend temporarily its participation in FIM Road Racing Grand Prix MotoGP from 2012.
This suspension is to cope with tough circumstances mainly caused by the prolonged recession in developed countries, a historical appreciation of Japanese Yen and repeated natural disasters.
Having an eye to returning to MotoGP in 2014, Suzuki will now focus on developing a

competitive new racing machine for that class.
Suzuki will continue motocross racing activity and support of road racing activities using mass-produced motorcycles, by obtaining FIM homologation and co-operation with the supplier of its development racing kit parts.

November 18, 2011
Suzuki Motor Corporation

このリリースを読めばわかるとおり、スズキはＭｏｔｏＧＰ活動休止の理由について、「先進国市場の長引く不況」「歴史的な円高」「災害等により未だ厳しい環境にあるため」というみっつの要素を挙げている。

ひとつめの「先進国市場の長引く不況」とは、いうまでもなく、リーマンショックが引き金となって生じた世界的な経済危機のことだ。

ふたつめの「歴史的な円高」だが、この当時の為替レートは歴史的な円高水準で推移していた。二〇一一年三月十七日は一ドル＝七十六円二十五銭をつけ、一時は八十五円まで戻したものの、その後は十一月になっても七十七円〜七十八円台で推移した。

みっつめの「災害等」が指しているのは、第一義的には三月十一日の東日本大震災だ。さらに、七月から九月にタイで発生した大洪水の被害により、日本企業の工業団地や現地法人が大きな被害を受けたことも含意にある。この洪水により、スズキ以外にも多くの日本の自動車産業や関連部品産業が甚大な被害を受け、日本国内の工場操業にも深刻な影響を及ぼすほど多額の損害を被った。

そして、このプレスリリース後段で言及されているレース復帰だが、文言上は「２０１４年の再参戦を目途として（Having an eye to returning to MotoGP in 2014）」と、積極性についてはやや留保気味で及び腰の感もあるとはいえ、再参戦についてリリース内で具体的な数字を提示して前向きな姿勢を示しているのは、スズキを応援する関係者やファンにとって希望の持てる好材料ではあっただろう。ただし、じっさいのレース復帰は当初の予定から一年遅れて、二〇一五年にずれこんだ。

最後の段落については、日本語の文言だけを読む限りでは、やや理解が難しいかもしれない。だが、英文リリースの文章と比較すれば、量産車をベースにして改造を加えたオートバイで競技を行うＳＢＫへの参戦や、あるいは、スズキのマシンをチューンしてレース活動を行い、レース用パーツの開発販売も行うヨシムラ等への支援とサポートは従来どおり継続する、という旨であることがわかる。

じっさいに、本節の冒頭で言及したリズラスズキのチームマネージャー、ポール・デニングは、ＭｏｔｏＧＰの活動休止後に、二〇一二年からスズキのサポートを受けたＳＢＫのクレセントスズキチームのマネージャーに就任している。

そのデニングの経歴を簡単に紹介しておこう。彼が、二〇一一年のMotoGP活動休止時にスズキファクトリーチームをマネージメントしていたのは、すでに触れたとおりだ。

BSB（英国スーパーバイク選手権）でスズキ系チームを運営していたデニングが、MotoGPスズキファクトリーチームのマネージャーになったのは、二〇〇五年シーズンからだ。それまでチームマネージャーの職にあったギャリー・テイラーが高齢などを理由にレース現場を退くことに伴い、当時三十九歳になったばかりのデニングが引き継いだ格好だ。

デニングの家庭は、クレセント・スズキという老舗の大手販売チェーンをイギリスで経営している。家業を継いだデニングは、そのフランチャイズを母体とするチームで一九九六年に自ら選手としてBSBに参戦したが、以後はチームを運営する側に専念するようになった。

BSBで活動していた当時のクレセント・レーシングを、チームのタイトルスポンサーとして支えていたのが、タバコ用の巻紙を製造するリズラだ。このリズラは後年、デニングのMotoGPチームのスポンサードも行うようになるが、デニングがギャリー・テイラーからチーム運営を引き継いだ当初はまだ、デニングのBSBチームを支えていたものの、MotoGPチームとはスポンサー関係を作っていない。

デニング自身も、チーム運営を引き継ぐために二〇〇四年末にスズキMotoGPチームに合流した段階では、世界選手権で陣頭指揮を執るのは初体験だった。

自分自身にとって大きなチャンスと感じる反面、世界最高峰のＭｏｔｏＧＰでチームを運営することにはかなりのプレッシャーも感じたであろうことは想像に難くない。しかも前任者は、伝説的なライダー、ケビン・シュワンツを擁して一九九三年に世界タイトルを獲得し、二〇〇〇年にも、ケニー・ロバーツJr.を王座に就かせた人物である。

「当時の私は、それなりに経験はあったとはいえ、世界レベルのものではなかったので、あのころを振り返れば経験不足などによる失敗も、ひょっとしたらいくつかはあったかもしれませんけどね」

そういって、デニングは微笑んだ。

スズキが二〇一一年末にＭｏｔｏＧＰ活動の休止を決定するまで、参戦を継続させる方法を模索してレース現場でもっとも尽力した人物のひとりが、デニングだ。

本書の取材のため、あらためて彼と会ったのは、二〇一九年八月のことだ。最後にその姿を見たのは彼らがＭｏｔｏＧＰ活動を休止した二〇一一年十一月だから、かれこれ約八年ぶりになる。

待ち合わせ場所の、ロンドン・ガトウィック空港に近いスターバックスに現れた長身のデニングは、すでに五十四歳のはずだが、八年前の印象とまったく変わらないすらりとした若々しさを保っていた。

店内に入るなりこちらの姿を認めると大股で歩み寄って握手を交わし、挨拶もそこそこに近況を訊ねてくる快活さも当時のままだ。

彼のこの生来の明るさは、スズキがMotoGP活動の休止へ向かって進み続けていた二〇一〇年や二〇一一年には、やや影を潜めていた感もある。だが、それはひょっとしたら、当時のスズキ陣営の成績不振に先行き不透明といわれた噂を投影していたこちらの勝手な思い込みだったのかもしれないのだが。

先述したとおり、デニングがスズキMotoGPチームの監督に就任したのは二〇〇五年シーズンからだ。ギャリー・テイラーからチームを引き継いだとき、スズキのパフォーマンスはけっして高いといえる状態ではなかった。ジョン・ホプキンスの二〇〇四年シーズンの成績は、ランキング十六位、ケニー・ロバーツJr.は十八位。それぞれ、一年間を通じて獲得したポイントは、ホプキンスが四十五ポイントでロバーツは三十七ポイント。

このシーズンは、一般的な興味でいえば、ホンダからヤマハへスイッチしたバレンティーノ・ロッシが移籍初年度に劇的なチャンピオンを獲得したことでおおいに話題になった年だ。そのロッシが最終戦までの全十六戦で獲得した総ポイント数は三〇四。この数字と、スズキ両選手の点数の差を見れば、二〇〇四年がスズキにとってどんな一年だったかは、多弁を要するまでもないだろう。

シーズン最終戦が行われるバレンシアサーキットでは、レースが終わると翌週に全チームが居残りの形で、次年度に向けたテストを行うことが恒例になっている。来年型のマシンを投入して精力的なデータ収集に努める陣営もあれば、メーカーを移籍してきたライダーが新たなマシンの特性に馴染むため、ひたすら走りこんで慣熟走行に徹するチームもある。そのバレンシアテストにデニングが帯同したのは、翌二〇〇五年シーズンから陣頭指揮を執るための引き継ぎ、という意味合いからだった。

そして年が明け、シーズン最初のテストは毎年、マレーシアのセパンサーキットから始まる。

ＭｏｔｏＧＰでは、シーズンオフの冬にテスト禁止期間が設けられている。この時期には、レーシングライダーたちは自分のレース用マシンで走り込んだりパーツテストをすることが禁じられている。長いシーズンを戦い終えた選手たちはこの期間をむしろ休養に充て、その期間にメーカーは次のシーズンに向けた開発作業に余念のない時間を過ごす。

近年は最終戦翌々週から翌年一月末まで二ヶ月以上のたっぷりとしたテスト禁止期間が設定されているが、二〇〇五年当時は現在よりもテスト禁止期間の拘束がゆるやかだった。ニューイヤーホリデイが明けた一月第三週頃にはすでに、来たるべきシーズンに向けた精力的な準備作業がスタートしていた。

いまも昔も変わらないのは、一年間の戦いは、赤道直下のセパンサーキットで行われる三日間のテストからスタートする、というところだ。

前年晩秋のバレンシアテストと対照的に、このセパンテストではすべての陣営が来たるべきシーズンに向けた新型マシンを投入する。そこに組み込まれる案別の大小パーツもさまざまに試され、その一年の仕様が少しずつ定まっていく。また、この時代はミシュランとブリヂストンが〈タイヤ戦争〉と言われる熾烈な競争を展開しており、タイヤテストも各ファクトリーチームにとっては膨大なテスト項目の重要メニューだった。

前年の最終戦終了後テストからスズキファクトリーチームに合流したデニングは、

「見た目もプロジェクトへの熱意の面でも、皆から覇気をあまり感じられず、少し戸惑いをおぼえた」

という。

見た目、とデニングがいうのは、世界選手権の頂点を争うに相応しい壮麗な雰囲気や、パーツやツール類の美観のことだ。

当時のスズキは、タイトルスポンサーのいないノーブランドチームだった。さらには成績不振とも相俟って、その雰囲気は、血気盛んな新人監督の目に予想以上に陰鬱なものとして映ったのだろう。

このセパンテストでは、バイクの外観に非常に落胆した、ともいう。

「自分用のデジカメで撮影した写真を見ると、エキゾーストのブラケットやステップのハンガー部分の塗装が、まるで日曜大工の工具棚みたいに粗末だったんですよ。〈なんだこれは?・〉と思ったので、〈スズキの世界的なプロモーションが、こんなありさまではダメだろう〉とスタッフに喝を入れましたよ」

デニングは連日、〈どうしてバイクをこんな状態のまま放置しているのか〉〈いったいどうなっているんだ〉と、改善を求めるレポートを再三にわたってスズキ側に提出したという。

「二〇一九年現在のスズキは、ライバルメーカー同様に外観の水準も素晴らしいレベルに達していますよ。でも、あの当時はそうじゃなかった。技術開発面に関してホンダやヤマハに比肩しうるものがあったとしても、美観に対する考え方は彼らと互角ではなかった。ピットやバイクが美しくなければ、ライダーのやる気を殺ぐんです。〈技術開発同様に、美観は皆の士気と、ファンや顧客からの評価にも大きな影響を及ぼす〉と理解してもらうことに、かなりの努力を要しました」

じっさいに当時のスズキファクトリーチームが、彼が描写するほど外観的に貧相だったのかというと、自分自身の記憶を掘り起こしてみても、けっしてそこまでひどかったわけではないようにも思う。ただ、これから世界選手権チームを牽引しようと意気込む青年マネージャー、デニングの目にはそのように映っていた、ということは重要な一面の事実だ。

さらに、このときのセパンテストでは、選手から信じがたいことばが打ち上がってきた。それはまさに、当時のスズキの低迷を象徴するものだった。

「ケニーJr.は、親父さんのケニー・ロバーツ氏ほどじゃないにしても、率直な物言いには定評のある人物で、その彼が一日の走行を終えたミーティングでこんなことをいったんですよ。〈ホンダはタイヤをテストしてサスペンションをテストして、新しいセットアップも試して、テスト用パーツもどんどん投入している。ヤマハもそうだよね。ドゥカティもそうだ。で、ウチはどうなんだい？　ただ鉄クズを走らせてるだけじゃないか〉って。それを聞いた当時の私は、チームの雰囲気や状況をまだよく把握していなかったので、驚きのあまり、つい笑ってしまったんです。けっして笑うべきではなかったんですが」

ロバーツJr.を囲んでいた日本人技術者たちは一様に押し黙っていた、とデニングはこのときの様子を回顧する。

この年は、三六七ポイントを稼いだバレンティーノ・ロッシが、ヤマハ移籍二年目の連覇を果たした。ホンダ時代の二〇〇一年から数えると、五年連続の世界タイトル獲得だ。

そのロッシが偉業をスタートさせる前年、二〇〇〇年に世界王者の地位にいた人物がケニー・ロバーツJr.だ。父親は、一九七八年から八〇年まで三連覇を達成したグランプリ界の伝説的存在、〈キング〉ケニー・ロバーツ。ちなみに、父子で世界チャンピオンの座に就いたのは、グランプリ史のなかで唯一、彼らだけである。

そのロバーツJr.のこの年のシーズンランキングはというと、十三位。チームメイトのジョン・ホプキンスはひとつ下の十四位で、両選手はともに、六十三点という低い獲得ポイント数で一年を終えている。

それにしても、この時期のスズキファクトリー両選手の極度の成績不振は、いったいなにに由来するのか。

「ライダーたちはすごくがんばってくれていたと思いますよ」

そう話すのは、長年にわたってスズキの開発ライダーを務める青木宣篤だ。

一九九〇年代にグランプリで活躍し、世界中のロードレースファンの間でもつとに知られる〈アオキブラザーズ〉の長男、宣篤は最高峰クラスへステップアップした一九九七年にランキング三位を獲得。翌九八年からスズキファクトリーチームへ移籍した。二〇〇二年から〇四年まではケニー・ロバーツ（父）が運営する独立チームに所属して、プロトンＫＲというオリジナルマシンで戦った。その後は〇五年から現在に至るまで、スズキの開発ライダーを担当している。宣篤とデニングはともに、スズキファクトリーチームのグランプリ活動に同じ年から関わりはじめている。偶然とはいえ、面白い一致ではある。

〇五年のセパンテストでロバーツJr.がＧＳＶ‐Ｒを口を極めて罵る様子を見て、新米監督のデニングが驚いた様子だったのと対照的に、それについて青木宣篤は
「まあ、悪いんだからしようがないですよ」

と笑う。

では、このときのマシンはいったいなにが問題だったのか。

「その前年まで、ぼくはプロトンに乗ってたじゃないですか。だから、スズキのバイクに乗るときは、ま

あまあ速いだろうな、と思っていたんだけど、走り出してみると全然遅くて、〈あらら？・〉って」

　ここで青木が言及しているプロトンは、ロータス社と共同開発したV型5気筒エンジンをオリジナルフレームに搭載したマシンで、このチーム時代の青木は、コースを走行している時間よりもピットでマシンの修復や微調整をひたすら待っていた時間のほうが長かった感もある。これはあくまで当時、ピット外から見た限りの雑駁《ざっぱく》な印象なので、じっさいにはそこまで極端なことはなかったのかもしれない。だがいずれにせよ、プロトンのマシンパフォーマンスがそのような水準だったことは間違いないだろう。

　それと比較すれば、四大二輪メーカーの一角を占めるスズキのファクトリーバイクなのだから、青木があるを程度高レベルの走りを期待するのは当然のことだ。

「こりゃあ、ムリだな」

　開発ライダーとして当時のＧＳＶ‐Ｒに跨がった瞬間にそう感じた理由は、

「まず、パワーがないこと」

　そして、

「重心というか、エンジン搭載位置もなんだかヘンなところにあった」

　という。

「低重心なんだけど、タイヤに荷重がかからないんですよ。いったいなぜなんだろう、といろいろ考えました。あれはすごく考えさせられた一台でしたね」

そして自分なりに突き止めた原因を、青木は理詰めで明快に解きほぐす。

「コーナー進入でブレーキングすると、フロントサスペンションがたわみます。すると、エンジン重量は慣性で前方にかかります。このとき、エンジンの重さが、フロントタイヤの接地面にかかるとしっかり加重するんだけど、低重心すぎるとその重量が、ベクトルでいえばタイヤのさらに前のほうに矢印が行っちゃうイメージなんです。そこからですよ、エンジン搭載位置の上げ下げで試行錯誤が始まったのは——」

他にも問題はあった。

「いまではあたりまえだけど、ライドバイワイヤをウチはどこよりもいち早く入れていたんですよ」

ライドバイワイヤは、四輪の場合にはドライブバイワイヤ、とも呼ばれる。航空機のフライバイワイヤ技術から転用されたもので、スロットル操作のコントロールをスロットルワイヤのケーブルではなく、電気信号として伝達し制御する方法だ。オートバイの世界では、二〇〇〇年代前半当時はまだかなり先進的な技術だった。

その技術を積極的に取り入れていこうとするスズキ技術者たちの進取の気性は、しかし、うまく噛み合っていなかったのだと青木は説明する。

「新しいモノは入っていたんだけど、ソフトウエアが追いついてなかった。点火ソフトひとつをとっても、たとえば二速あたりで定常円旋回しているときに、1気筒目から順番に、2、3、と点火していって、4だけいきなりワッと出たり、逆に1、2、3、ときて4だけ急に元気がなくなったり（笑）。電圧が一定じゃなかったので、そういうところから徹底的に全部直していきました」

戦闘力を上げるために修正すべきところが多く、GSV‐Rは課題が山積状態だったが、これらの問題点を指摘されたエンジニアたちの反応は迅速だった。

「ソフトウェア類は、エンジニアさんたちがすごくがんばってくれていて、指摘したことに対して翌週にはその修正ができていた。あのころは大変だったけど、やりがいはありましたよ。いったことに対するレスポンスはすごく早かったし、確実にバイクはよくなっていった。成績はなかなか上がってこなかったけど、マシンの組成としては、少しずつレースマシンらしいベースになっていきましたね」

青木がテストライダーとして加わり、最前線のレース現場ではデニングが陣頭指揮を執るようになった二〇〇五年シーズンは、前述のとおりけっして芳しい成績ではなかったが、朗報もあった。

「チームのタイトルスポンサーを獲得したのが、この年の暮れのことでした」

デニングがそう話すのは、BSBで活動しているクレセントスズキチームを支えるタバコ巻紙企業リズラのことだ。MotoGPでも二〇〇六年シーズンからチームのタイトルスポンサーについたことで、チーム名称はリズラスズキMotoGP、となった。

二〇〇四年と二〇〇五年のスズキレーシングは、ノーブランドで参戦していた。しかもあの成績低迷ぶりでは、チームの印象はさらに地味にならざるをえない、という悪循環に陥っていた。リズラの獲得は、成績も振るわず存在感も稀薄だった彼らが、鮮やかな水色のカラーリングに包まれるようになったことで、まずは雰囲気だけでも世界選手権のファクトリーチームに相応しい華やかさを取り戻すよい契機になった。

ちなみに、ファクトリーチームとひとくちにいっても、この時期のスズキファクトリーチームの運営形態は、ホンダやヤマハ、ドゥカティなどのライバル陣営とはやや異なっている。

ファクトリーチームの一般的な定義は、競技用車輌を製造するメーカーが自らの資金でレースに参加するチームを結成し、自分たちが直接運営をする、という形態を指す。

ＭｏｔｏＧＰの場合では、ホンダファクトリーチームのレプソルホンダチームがその典型例だ。このチームは、本田技研工業が二輪モータースポーツ専用企業として設立したホンダレーシング（Honda Racing Corporation：通称ＨＲＣ）が直接に運営をしている。

ＨＲＣ設立当初から現在に至るまで、ＭｏｔｏＧＰの世界では伝統的に日本人のマネージメントスタッフが陣頭指揮を執ることが慣例になっている。その折々には、ヨーロッパ系の人物がマネージャーやプリンシパルという肩書きでチーム運営に加わることも多いが、彼らも当然ながらＨＲＣと雇用契約を交わしている。

チーム内で仕事をする人々は、ＨＲＣのシャツを着たスタッフとレプソルホンダのチームウェアを着たチーム員に大別される。ＨＲＣのシャツを着た人々は、ホンダレーシングに勤める従業員もしくはＨＲＣ契約で雇用されているエンジニア等で、チームウェアを着たメカニックたちはＨＲＣが運営するレプソルホンダチームに所属する人々、あるいはＨＲＣの従業員でチームのレース活動にメカニックとして専従する人々、というのがおおまかな分類だ。

ヤマハやドゥカティも同様だ。ヤマハの場合は、日本のヤマハ発動機ＭＳ統括部という部署がレース活動をマネージメントし、イタリアに本拠を置くヤマハモーターレーシングと連携してレース活動の運営にあたっている。このヤマハモーターレーシング社長は、日本のヤマハ発動機ＭＳ統括部でレースを指揮する人物が兼任する例が多いようだ。

ドゥカティには、ホンダにおけるＨＲＣに相当するレース専用子会社、ドゥカティコルセがあり、ここがＭｏｔｏＧＰやＳＢＫなどのレース活動を統括している。車輛製造企業とレース運営会社、チーム、そしてそこで働く人々の雇用関係が直列で繋がっているという意味では、ドゥカティのケースがもっともわかりやすいファクトリーチーム組織の運営形態といえるかもしれない。

これらと比較して、スズキの場合は企業とレーシングチームの関係性が、前記三メーカーの場合とはやや異なる。

二〇一五年に活動を再開させた後のスズキファクトリーチームは、ホンダやヤマハ、ドゥカティと同様に、メーカーによるダイレクト運営という形態をとっており、二〇一九年にはレース専用組織のスズキレーシングカンパニーを経営企画室直下の社内カンパニーとして設立している。だが、活動休止前のスズキは、ポール・デニングの組織するクレセント・モーターサイクルがチーム運営を請け負う形でレース活動を行っていた。つまり、デニング自身にはスズキ株式会社と直接的な雇用関係があるわけではなく、あくまでもスズキとレース運営契約を締結したクレセントのマネージング・ダイレクターという立場になる。このクレセントのレース活動に、日本のスズキ株式会社で二輪モータースポーツ開発に携わる技術陣が帯同することでファクトリーチームが機能する、という形態をとっていたわけだ。

近年のＭｏｔｏＧＰでは、スズキのＭｏｔｏＧＰ活動復帰と同じ２０１５年に最高峰クラス復帰を果たしたアプリリアのファクトリーチームが、これに類似した活動形式を採用している。

チームを運営しているのはファウスト・グレシーニが率いるグレシーニ・レーシングの面々で、そこにアプリリアで技術を統括するロマーノ・アルベッシアーノや全体のマネージメントを司るマッシモ・リヴォラ以下、技術サポートのスタッフ等が合流し、全体の管理と指揮を行っている、という構造だ。

2000年代のスズキに話を戻そう。

ファクトリーチーム運営を任されていたクレセント・モーターサイクルのマネージャー、ポール・デニングの尽力により、彼の率いるBSBチームのタイトルスポンサーだったリズラをMotoGPでもメインスポンサーとして迎えることになった。これで、チームの雰囲気は華やかさを取り戻した。ピットボックスのパーティションやチーム員が着用するウエアのデザインも、リズラのロゴを大きくフィーチュアした鮮やかな水色のカラーリングで統一され、くっきりとした存在感を主張するようになった。日本でいうミニスカポリスのような刺激的なコスチュームでピットボックス前に立つチームマスコット〈リズラガール〉の前には、多くのフォトグラファーが集まった。

この二〇〇六年シーズンは、長らく低迷傾向にあったスズキの成績が、ようやく上昇機運を見せ始めた年でもあった。

ライダーは、ケニー・ロバーツJr.が二〇〇五年末でチームを離れ、新たにオーストラリア人のクリス・バーミューレンが加わった。

一九八二年生まれのバーミューレンは、二〇〇三年にSBKのサポートレース、スーパースポーツ選手権にホンダ系の有力チームから参戦してチャンピオンを獲得。翌年にはそのチームからSBKへ昇格した。二〇〇五年にはランキング二位を獲得している。ホンダの若手選手として将来を有望視されていた選手で、ＭｏｔｏＧＰにも母国オーストラリアＧＰとトルコＧＰに負傷選手の代役でホンダ系チームから参戦し、両レースとも十一位の入賞を果たしている。

そのバーミューレンを自陣ファクトリー選手として獲得したことは、この年のスズキが将来に向けて明るい展望を取り戻した要因のひとつになった。

「クリスという熱意のあるライダーが加入してきたことで、ジョン（・ホプキンス）も刺激を受け、おたがいに切磋琢磨するようになっていきました」

と、デニングはこのシーズンを回顧する。

フル参戦初年度のバーミューレンは、第三戦のトルコＧＰと第十一戦ＵＳＧＰでポールポジションを獲得。ホームレースの第十四戦オーストラリアＧＰでは二位表彰台を獲得した。一年を終えてホプキンスの年間ランキングは十位、バーミューレンは十一位だった。

翌二〇〇七年のスズキは、さらに好調の波に乗る。

「この年のバイクはとてもよく、ふたりのライダーもとてもがんばってくれました。ウェットコンディションでクリスが素晴らしい走りを披露してくれて、ジョンも安定した速さを発揮してくれました。たしか、あのシーズンはジョンがランキング四位、クリスが六位でしたね」

デニングがいう、ウェットコンディションでのバーミューレンの素晴らしい速さ、とは第五戦フランス

GPでの優勝を指している。

天候が不安定なことで定評のあるルマンサーキットの決勝は、レース中にドライコンディション用スリックタイヤからウェットタイヤを装着したマシンへの乗り換えが許可される〈フラッグ・トゥ・フラッグ〉ルールが適用されるレースになった。

全選手のちょうど真ん中、四列目十二番グリッドからスタートしたバーミューレンは、レースが中盤にさしかかる十周目にトップに立ち、以後は一方的なペースで引き離し続けた。最後は十二秒以上の差を開き、全二十八周のレースをトップでゴールした。

スズキにとっては、4ストロークのMotoGP時代になって初めての優勝、最高峰クラスという意味では、2ストローク500cc時代の二〇〇一年第十二戦バレンシアGP以来、六年ぶりの勝利、ということになる。

ちなみにこの二〇〇七年シーズンは、技術規則の変更によりエンジン仕様がそれまでの990ccから800ccへと変更された節目の年だ。スズキGSV-Rは、二〇〇二年から二〇〇六年までの990cc時代に、XREというアルファベット文字列の後に0から4までの数字を割り振るコードネームが使用された。エンジン排気量が800ccへ一新されたことにともない、社内コードネームもXRGへと変更になった。

二〇〇七年型GSV-Rの呼称はXRG0。排気量が190cc小さくなったぶん、エンジンも若干コンパクトな設計になっている。また、排気量が小さくなっても高出力を実現するために、エンジンは高回転になるのが８００cc時代の趨勢となった。この特性を支えるために、各社はニューマチックバルブをこぞって採用した。

ニューマチックバルブとは、吸排気バルブの開閉をスプリングではなく、圧縮空気で制御する方式を指す。Ｆ１など四輪レースではすでに確立された技術で、ＭｏｔｏＧＰのエンジンへ採用されたのは、この８００cc化が契機になった。ホンダとヤマハは、いずれも二〇〇八年シーズンのエンジンに導入しているが、じつはスズキは９９０cc最終年の二〇〇六年から、ニューマチックバルブを採り入れている。

８００cc初年度の二〇〇七年シーズンにチャンピオンを獲得したのは、ドゥカティのケーシー・ストーナーだった。ドゥカティの場合は、独自の機械的技術で吸排気スプリングの制御を行うデスモドロミック機構を採用しており、それが彼らのバイク名〈デスモセディチ〉の由来になっている。ちなみに、セディチは十六を意味するイタリア語で、つまり、機械式強制吸排気バルブが十六あることからこの名称になった。

この独自技術を擁した強力な動力性能のマシンを、ケーシー・ストーナーという類い希な天才が意のままに操ってシーズン十勝を挙げた。

スズキはホプキンスがランキング四位、バーミューレンが六位で、それぞれ四回ずつ表彰台を獲得した一年だった。前年のふたりの年間総合成績（ホプキンス十位、バーミューレン十一位）と比較すれば、大きな進歩だ。

この二〇〇七年にリズラスズキの両選手が好成績を収めたことについて、いかにもスズキらしいエピソードがある。

このシーズンから排気量制限が変更になるため、各社ともエンジンは新たに９９０ccから８００ccへとスケールダウンしたものを新たに作り直すことになる。二〇〇七年の実戦に間に合わせるために、ニューマシンの開発は二〇〇六年のシーズンと並行する形で急ピッチで行われていた。新しい８００ccマシンの開発を担当していた青木宣篤は、

「なぜだかわからないけど、速くなった」

と笑う。

「理由が、わからないんですよ。９９０ccの車体に８００のエンジンを積んで、乗り出したらいきなり速い。エンジンを８００にしただけで、他には何もしていないのに」

まるで昨日の出来事を思い出すように活き活きとした表情で、青木はこのマシンの不思議さを振り返る。

「いちばん驚いたのは、車体は同じでエンジンの排気量を落としただけなのに、コーナーのスピードがいきなり時速10㎞くらい速い。〈なにこれ?・〉ってエンジニアに訊ねても〈いや、わかりません。なんか速いです〉という返事なんですよ。だから、それが成績に現れたのであって、ある意味じゃ、ぼくはこの時期、開発ライダーとしてはなにもしていないんですよ。〈８００ccになって速くなったから、ま、それで

いいんじゃね?・〉みたいな状態でしたね」

4

「この時期の我々の好調さの一因には、もちろん、ブリヂストンタイヤのアドバンテージがあったことも事実です」

デニングもそう認めるとおり、タイヤ性能はバイクの潜在能力とライダーのパフォーマンス発揮に大きな影響をもたらす。

開発ライダーの青木も、ブリヂストンタイヤが自陣営の好成績に大きな恩恵をもたらした、と話す。

「あのころは、ブリヂストンが各メーカーに合ったスペシャルタイヤを作っていて、ウチのバイクにピッタリでエッジグリップが最高のヤツを作ってくれていたので、それも効きましたね」

ブリヂストンは、二〇〇二年シーズンから最高峰クラスへの参戦を開始した。当時は、ミシュランが圧倒的な優勢でMotoGPクラスのタイヤ供給を支配していた。二〇〇一年に最高峰挑戦を焦点に据えたテストチームを結成したブリヂストンは、二〇〇二年からいよいよ二輪ロードレースの頂点でタイヤ供給を開始した。

その陣頭指揮を執っていたのが、モーターサイクルレーシングマネージャーとして同社を率いてきた山田宏だ。

日本人の平均よりもやや小柄な体躯の山田は、風貌も口調も、どちらかといえば穏やかな部類に属するだろう。一九九一年に小排気量125ccクラスでグランプリの戦いに足を踏み入れて以来、毎週末世界か日本のどこかのサーキットにいるような生活を送っているが、激しい闘争心があまり外見に表出することはない。そのたたずまいはむしろ、新橋にいるサラリーマンをそのままサーキットに放り込んだ、といっても通用しそうな感もある。

だが、本当に温厚で従順な性格なら、当時のグランプリ界を制圧していたタイヤ界の大巨人に徒手空拳に近い状態で挑みかかるような無謀な挑戦はしなかったにちがいない。

チャンピオンライダーやそのライバルたちを含め、有力選手をことごとく自陣に抱えていたミシュランに対抗するため、ブリヂストンは世界各地のコースで周到なテストを重ね、各陣営のマシン特性に合わせ込んだ、いわばテーラーメードのような構造と形状のタイヤを供給した。青木のコメントにある、〈各メーカーに合ったスペシャルタイヤ〉というのはそういう意味だ。

この作戦で少しずつ使用チームを増やしていったブリヂストンは、二〇〇四年にスズキとカワサキのフアクトリーを自陣営に引き入れ、二〇〇五年にはイタリアメーカーのドゥカティをもブリヂストンユーザーとすることに成功する。

各メーカーのマシン特性、そしてそのマシンを操るライダーの好みにも合わせたタイヤを供給していたこの時代、

「我々が供給していたメーカーのなかでは、スズキだけはフロントの傾向が、構造・形状ともに他とはちょっと異なる傾向だった」

と山田は述べている。

これは前述したとおり、当時のGSV‐Rはエンジン搭載位置などの問題でフロントタイヤへ適切に加重しなかった、と青木が分析する事象をタイヤ側から表現したもの、と考えれば、両者のいっていることはぴたりと符合する。

ブリヂストンタイヤがMotoGPで初勝利を挙げたのは、二〇〇四年七月のリオGP。

このとき、リオ・デ・ジャネイロ郊外のジャカレパグアサーキットで優勝したのは、ホンダRC211Vを駆る玉田誠だ。玉田はさらに、秋の日本GPでも優勝した。

各メーカーにテーラーメイドのタイヤを供給していたこの時期のブリヂストンは、青木宣篤によると、たとえばフロントタイヤの傾向に関して

「大まかに三種類の構造のタイヤが存在したんですよ」

という。

「ざっくりいえば、ドゥカティ寄り、ホンダ寄り、スズキ寄り、というような。ウチはエッジグリップがいい構造が好みだった。要するにバイクをバチンと寝かせて曲げるようなタイヤですね。ドゥカティの場合は、ブレーキでしっかりと止まれるように、どちらかといえばかっちりとした構造のタイヤを好んでいたように思います」

ドゥカティがブリヂストンにスイッチしたのは、ミシュラン陣営にいるとナンバースリーの序列に甘んじなければならなかったから、だという。

ＭｏｔｏＧＰを事実上制覇していたミシュランは、ホンダとヤマハのファクトリーチームを自陣に抱えている。ミシュランにとってホンダは、５００cc時代から何度もタイトルを獲得してきたお得意様で、長年の付き合いと信頼関係がある。ヤマハは、世界的スーパースターのバレンティーノ・ロッシを擁しており、ＭｏｔｏＧＰの世界はこの当時、まさに彼を中心に動いていた。では、ドゥカティはというと、これら両巨頭を上回る扱いを受けることはしょせん無理な相談で、ミシュラン陣営にいるかぎり三番目の序列から上に行くことは到底不可能な状況にあった。

ならば、ライバル陣営へ移って、そこでナンバーワンになればよい。

そう考えたドゥカティは、社長自らがブリヂストンの社長に宛てて手紙をしたためた。

社長宛の封書が届いたブリヂストン秘書室は、山田に対し、

「ドゥカティ社長からうちの社長宛に郵便が届いたのだが、これはいったいなにか」

と問い合わせてきたという。

両社トップの間で合意が取れた後は、レース現場を率いるブリヂストン山田とドゥカティのチームマネージャー、リヴィオ・スッポの間で協議が進んでいった。

ドゥカティは、ブリヂストンユーザーになった以上、タイヤ性能を改善してミシュランを凌駕するパフォーマンスを発揮できるようになってもらわなければ、陣営を移った意味がない。そこで、自分たちのバイクを使ってタイヤテストに専念するチームの組織をブリヂストンに提案した。ブリヂストンも、ミシュランに対する経験の差とデータの不足はいかんともしがたいものがあり、性能向上のためのテスト部隊結成はまさに渡りに船だった。

そこで両社は共同出資によるタイヤテスト専用チームを作りあげ、ヨーロッパのサーキットで徹底的に走り込みとデータ収集をスタートさせた。

両社がタッグを組んだ初年度の二〇〇五年は、ドゥカティのファクトリーライダー、ロリス・カピロッ

シが日本とマレーシアで連勝。ブリヂストンは前年と同じく、シーズン二勝を挙げる。

二〇〇六年は、カピロッシが開幕戦スペインGPと第十二戦チェコGP、第十五戦日本GPと三勝。最終戦では同じくドゥカティのトロイ・ベイリスが優勝して、シーズン計四勝を達成した。

そして翌年、マシンの排気量が990ccから800ccへと変更されて、二〇〇七年シーズンがスタートした。すでに詳述したとおり、この年のスズキは、ある意味で理屈を超えた速さを発揮して、二〇〇二年のMotoGP化以降最高の成績を挙げる。

この年にチャンピオンを獲得したのが、シーズン十勝を挙げて圧倒的な速さと強さを見せつけたドゥカティのケーシー・ストーナーだ。

ドゥカティにとっては、念願の世界チャンピオン達成である。ブリヂストンにとっても、タッグを組んで三年目でのタイトル獲得で、二〇〇二年の最高峰クラス挑戦開始以来、六年目にしてようやくたどり着いた悲願の頂点だった。

そしてその翌年から、パドック内でのタイヤに関するブリヂストンとミシュランの形勢は一気に逆転しはじめる。

劇的に性能を向上させたブリヂストンのパフォーマンスを前に、チームやライダーの間では、両タイヤメーカーの評価が逆転し、

「ブリヂストンを履いていなければ勝負にならない」

という風潮が支配的になっていった。

その先陣を切ったのがバレンティーノ・ロッシだった。

二〇〇〇年に最高峰クラスへ昇格し、二〇〇一年から五年連続してミシュランでチャンピオンを獲得してきたロッシは、〇六年と〇七年は二年連続してタイトルを逃していた。とくに〇七年は、仇敵のストーナーがブリヂストンで十勝を挙げて王座に就いている。それだけに、同じ条件で戦えば自分が負けることはない、と証明するためにも、ブリヂストンへの転向はロッシにとって必然の選択だった。

このシーズンは、七月までの前半戦十一戦でロッシが四勝、ストーナーも四勝。ブリヂストン勢がミシュランを圧倒しながら推移していた。

この状況にたまりかねて、ついにホンダのファクトリーチームも動いた。HRC幹部が、ブリヂストンタイヤの供給が可能かどうか、山田に連絡を取ったのだ。

先述のとおり、ブリヂストンはドゥカティを自陣に引き込んで念願の世界チャンピオンを獲得したが、じつは山田は最高峰クラスへの挑戦を開始した当初から、チャンピオンに到達するためにはホンダファクトリーチームを自陣に引き込むことが必要不可欠だと考えていた。

パドックやイベントでHRCの関係者と顔を合わせれば、

「来年あたり、そろそろウチのタイヤをレプソルホンダで使ってもらえませんか?」

と、半ば冗談めかして感触を探ることが常だった。

だが、そのたびに、

「いやあ、BSさんはまだ実績がないですからねえ」

そういって、にべもなくかわされるのが恒例だった。

ミシュランと緊密な関係を維持し続け、自分たちにはとりつく島もなかったそのHRCが、なんと向こうから山田に連絡をしてきたのだ。彼らにとって状況はそれほど切羽詰まっていた、ということである。

山田の記憶によると、それは二〇〇八年シーズンのさなか、チェコGPが明けた八月の第三週ごろだったという。携帯電話の向こうで、そのHRC幹部は、

「じつは、うちのダニ・ペドロサ用にBSさんのテストをさせてもらいたいんですが——」

と切り出した。

山田が喜んだことはいうまでもない。

「当然、来年の話だと思うじゃないですか。だから〈そうですか、じゃあシーズンオフに改めて相談をしましょう〉というと、〈いやいや、次戦のミザノ(サンマリノGP)の事後テストで試したい〉というんですよ」

サンマリノGPの事後テストでブリヂストンを履いたペドロサは、その翌戦のインディアナポリスGPからブリヂストン陣営に加わる。

もはや時代の趨勢は、ミシュランから確実にブリヂストンへと移り変わっていた。

そして、シーズン終盤にさらに水面下でいくつかの紆余曲折を経た結果、ミシュランはこの年限りでMotoGPのパドックから去ることになった。翌二〇〇九年からは、ブリヂストンが全チームにタイヤを供給するワンメーク時代が到来する。ミシュランがふたたびパドックに戻ってくるのは、ブリヂストンと交代する形でワンメークタイヤのサプライヤーとなる二〇一六年である。


二〇〇八年に話を戻すと、このシーズンのリズラスズキはジョン・ホプキンスがカワサキへ移籍してチームを離れ、ロリス・カピロッシが加入してクリス・バーミューレンのチームメイトになった。

これまでにも何度か言及したカピロッシは、二〇〇八年段階ですでにベテランの域に達している。125ccクラスと250ccクラスでチャンピオンを獲得した選手で、ヤマハとホンダの500ccマシンを経験している。二〇〇三年にドゥカティがMotoGPプロジェクトをスタートさせた際には、エースライダーとして参画した。スズキに加入するまで、最高峰クラスでは九勝を挙げているトップライダーのひとりだ。

だが、強烈なブレーキングを武器として、動力性能に優れるドゥカティのモンスターマシンを操ってきたカピロッシは、スズキへの順応に苦労をした。

「とくに開幕前のテストでは苦労をしていましたね」

と、チームマネージャーのデニングは当時を振り返る。

「最初のテストの際に、ロリスは二〇〇七年型と二〇〇八年型のマシンを比較して、〇七年のほうが気に入った様子でした。私も交渉をしたのですが、技術者は後戻りすることをけっして好まないので、結局、前年型で走ることはできませんでした」

二〇〇八年のカピロッシの成績は、年間総合十位。翌二〇〇九年は九位、そして二〇一〇年は十六位、と一気に低迷した。

どれほどマシンとライディングスタイルの相性が悪かったとしても、この結果はあまりに極端だ。

「あれはかわいそうでしたね」

開発ライダーの青木宣篤も、この当時のカピロッシの悲惨な成績には同情を寄せる。

「ちょうど、ブリヂストンのワンメークになって、ウチのフレームとタイヤのマッチングが悪いときですよ。あのときのロリスは、いわばトランプのばばを引いたようなもので、あれは誰が乗ってもダメだったと思います。むしろ、めげずによくがんばってくれたというべきですよ」

タイヤがワンメークになると、タイヤメーカーは同じタイヤを全チームに供給する。コースの特性や気候などの条件によって、タイヤのコンパウンドはソフト、ミディアム、ハードなどの種類から選択できる幅はあるが、そのタイヤの形状や構造はすべて同一だ。

コンペティション時代のブリヂストンは、テーラーメイドのようなタイヤをチームやライダーに供給していた。だが、ワンメークになると、皆が同じタイヤを使用する。その結果、タイヤとマシン特性の相性は、メーカーによって多少のばらつきが出てきてしまう。

つまり、タイヤがバイクの性能に合わせる時代から、バイクがタイヤの特性に合わせ込んでいく時代へと移り変わったのだ。

コンペティション時代には同じブリヂストン陣営でも、ドゥカティが好むタイヤ特性とスズキ好みのタイヤ特性は大きく異なっていた。スズキのバイクに、たとえばドゥカティ寄りのフロントタイヤを装着して走行した場合、

「コーナリングではエッジグリップが全然足りないから、途中からはフロントが切れ込んで〈あ、これ絶対にムリ〉ってなって、それ以上は寝かせられない」

と青木は説明する。

「ワンメークになっていったときに、ブリヂストンの開発主導権を持っていたドゥカティはウチにいち

ばん合わないタイヤだったから、ワンメークになると（成績が）落っこちていくのはもう目に見えていた。けれども、だからといっていったいどうすればいいんだ、ということは一、二年くらい悩みましたね」

ＧＳＶ‐Ｒのプロトタイプエンジン設計を担当した佐原伸一は、その後、ＭｏｔｏＧＰから離れたが、この時期はチームで技術監督の任に就いていた。佐原も、タイヤとマシンの合わせこみにはかなりの苦労を強いられた、と回顧する。

「そこに時間がかかると、他の開発が行き詰まる。すると、その遅れを取り戻すのにさらにまた時間がかかる。タイヤに合わせたマシンセッティングをみつけ、車体が仕上がってきて、やっとライバルに追いついたと思ったところには、他社はそのもっと先へ行っている、ということの繰り返しです」

これではまるで、〈アキレスと亀〉のパラドックスそのままの状態だ。

ライダーとタイヤのマッチング、タイヤとバイクのマッチング、そしてバイクと時代のマッチング。いくつもの要素が輻輳《ふくそう》した結果、リズラスズキＭｏｔｏＧＰチームの成績は、二〇〇七年を頂点に、以後のシーズンはひたすら下降線の一途を辿ってゆく。

そしてこの成績低迷は、二〇一一年末の活動休止へつながる大きな伏線のひとつになる。

第二章　消失点

1

スズキ、という企業はじつに不思議な会社だ。レースの世界でも、量産車の世界でも、同業他社とは異彩を放つ独特の存在感がある。

スズキのロードレース活動を語るとき、誰しも最初に想起するのが、バリー・シーンとケビン・シュワンツというふたりの伝説的ライダーだ。

一九七〇年代を代表する英雄がイギリス人のバリー・シーンなら、テキサス生まれのケビン・シュワンツは一九八〇年代後半から九〇年代前半のグランプリ界を席捲したヒーローだ。ふたりに共通するのは、不屈の闘志や数々の名勝負もさることながら、世の中の規範に従順で行儀のいい優等生選手たちとは一線を画した、鼻っ柱の強いやんちゃな心意気だ。それが世界じゅうのレース好きの琴線を刺激し、いまに至っても多くのファンを魅きつけている。

とくにシュワンツは、スズキを象徴する唯一無二のライダーだ。現役を引退して四半世紀を経たいまも、彼の現役時代を知らない若い選手たちが憧れる存在であり続けている。世界のロードレースファンが近年のスズキライダーたちを語る際には、ケビン・シュワンツという存在がかならず水準器になっているふしもある。

いっぽう、量産車の世界でいえば、スズキのオートバイを語るときに欠かせないのが、ＧＳＸ１１００ＳＫＡＴＡＮＡだ。

その名が示すとおり、日本刀をモチーフにデザインされた前衛的な外観とスパルタンな性能で、一九八〇年代に一大ブームを巻き起こした。たとえば、このバイクに惚れ込んだ若い頃の花村萬月は、若者たちがひたすらＫＡＴＡＮＡで走りまわる『重金属青年団』という鮮烈でみずみずしい青春小説を書き上げ、デビュー三作目の作品として上梓した。さらに、ＫＡＴＡＮＡはマンガや人気刑事ドラマにも登場したことで、その印象的な姿が広く人口に膾炙《かいしゃ》していった。

映画『ブラックレイン』でも、スズキのバイクが登場する。抜き身の脇差を提げた松田優作が梅田の地下駐車場でアンディ・ガルシアと対峙する印象的な場面で跨がっているのは、ＧＳＸ‐Ｒ１１００だ。

さらに時代を遡れば、１９７０年代特撮ヒーロー番組の嚆矢《こうし》『仮面ライダー』や、望月三起也の原作を実写化した『ワイルド７』では、スズキのバイクがいつもテレビの画面狭しと暴れまわっていた。

そんなヒーローたちの姿に胸をときめかせた子供たちが成長し、出会ったバイクが、ＫＡＴＡＮＡだったのかもしれない。

一九八〇年代以降も、スズキは印象的なバイクを製造し続けている。

一九九〇年代には、マッチョな外観でありながら艶やかさも漂わせるＶツインのスポーツモデルＴＬ

1000を発売。オフロードモデルでは、同社のDRシリーズの派生形として、大容量の燃料タンクを備えた250ccのジェベルが登場した。このバイクは、たしか世界で初めてGPSをダッシュボード部分に標準装備したモデルではなかったか。

そして、スーパースポーツモデルのフラッグシップとして鳴り物入りで世に出たGSX1300Rハヤブサは、二十一世紀のスズキを代表する人気オートバイとしていまも高い人気を持つ現役モデルだ。

このように特徴的で独自色の濃い数々の自社製品ラインアップについて、スズキ株式会社社長鈴木俊宏は、

「こんなの絶対によそではやらないよな、っていうような商品ばっかりだものね」

と、半ば呆れたように、しかしとても愉しそうな表情で評する。

よそではやらない、というのはどういうことなのか、と訊ねると、俊宏は

「だって、ウチはウィルスだもん」

そういって、悪戯っぽい笑みを泛かべた。

「〈鈴菌〉っていうくらいだからね」

スズキのバイクに魅了された熱狂的なファンが面白がって自虐的に用いるこの卑称を、経営トップがいかにもうれしそうに口にする。そんなところが、このメーカーの製品、そして企業そのもののありようをよく表している。

そんな独自の存在感を持つスズキがMotoGP活動を休止するかもしれない、という不穏な噂は、いつしか気がつけばパドック内で人々の口の端に上るようになっていた。

むろん、成績不振とも不可分ではない。

二〇〇九年のスズキは、ロリス・カピロッシがランキング九位。獲得ポイントは一一〇。クリス・バーミューレンは十二位で一〇六ポイント。年間総合優勝のバレンティーノ・ロッシが三〇六ポイントだから、ほぼトリプルスコアといっていい状態だ。

車輌製造メーカーの順位を競うコンストラクターズランキングでも、ロッシを擁するヤマハが首位の三八六ポイントで終えたのに対して、スズキはホンダとドゥカティにも大きく水をあけられ、ランキング四位で一三三ポイント。こちらもやはり、トリプルスコアだ。

翌二〇一〇年は、同じくヤマハのライダーで、当時のロッシにとって最大のライバルだったホルヘ・ロレンソが最高峰クラス三年目でチャンピオンの座に就いた。ロレンソの総獲得ポイント数は三八三。これに対してスズキ勢は、この年からMotoGPにステップアップしてきたスペイン人選手、アルバロ・バウティスタが八五ポイントで年間総合十三位。ベテランのカピロッシは四四ポイントで十六位。コンストラクターズランキングを見ても、ヤマハの四〇四に対してスズキは一〇八、と前年以上に差はさらに大きく広がる結果に終わった。

「あのころのヤマハは速かったですね」

開発ライダーの青木宣篤は、当時の戦力差をメカニカルな面から振り返る。

「あの当時のヤマハのバイクを観察していると、フロントとリアのタイヤが別々のラインを通っているように見えるくらい、（車体が）ふにゃふにゃな挙動なんですよ。〈なんだあれは――？〉、と考え込んでいたときに、バレンティーノが昔、たしか南アのレースでフレームが硬すぎるのでピボット近くにあるクロスメンバーを切った、というような話を聞いたことを思い出したんです」

オートバイの骨格であるフレームは、縦横のしなりや斜め方向のねじれなど、そこにかかる力を綿密に計算した剛性バランスのうえに成立している。高速走行時やハードなブレーキングの急減速でバイク全体をがっしりと支える堅牢さと、きれいに旋回してコーナーを立ち上がる際のしなやかさがうまく釣り合う最適な強度を技術者たちは常に追究し、エンジン特性やタイヤ性能とにらみ合いながら、ライダーの乗り方も考慮に入れて、ベストと思われる剛性のフレームを製作する。

緻密な強度計算に基づいて作り上げたそんな重要部品を、レース現場の一存で切断したり切削したりするなど、暴挙に近い。

「〈それだよ、ウチもそれをやろうよ〉、といったんだけど、安全性の検証ができないということで、なかなか許可がおりなかった」

　綿密な計算のうえに成り立った最適なバランスであるはずのフレームの一部を、現場判断で勝手に切り貼りしようというのだから、青木の提案が設計者や技術者レベルでの躊躇や反発を生むのは当然のことだったろう。

「でもね、あのヤマハですら切羽詰まって、それくらいのことをやろうという決断をしたんですよ。それと比べると、ウチなんてもうはるかに切羽詰まりすぎてるんだから、やらなくてどうすんの、という状態なわけです」

　安全性の検証に若干の時間を要したものの、結局、二〇〇九年の最終戦が終わったバレンシア事後テストで青木の提案が受け入れられ、クロスメンバーをカットしたフレームを試すことになった。

「少し動くようになってきたけど、それでもまだ全然カッチカチで〈これじゃまだ全然足りねえよ〉という程度。あの当時のウチのフレームって、昔のホンダみたいな目の字断面構造だったんですよ。だから、フレームの内側からその目の字がなくなるくらい削ったけど、それでもまだ硬かった。結局、デザイナーさんが新たに設計し直して、何本作ったのかもう憶えてないけど、ある程度動くフレームになってきたのが二〇一〇年。バイク全体としてだいぶまとまってきたのは、二〇一一年も後半になった時期でしたね」

　二〇一一年にリズラスズキＭｏｔｏＧＰで技術監督を務めた河内健も、青木と同様に、このシーズンのマシンが備えていた性能を高く評価している。

「スズキのレース活動で順風満帆な時代って、あまりないんですよ。その年もあいかわらず苦戦して、〈どうしたらいいいんだ――〉と、いつも考えているような状態でした」

がっしりした体躯の河内は、そういって穏やかに笑う。

「二〇一一年は目の字断面ではなかったと記憶しています。二〇一〇年から二〇一一年にかけてフレームを何諸元も入れているんですが、そのたびにライダーから〈旋回性が向上した〉という手応えのいいコメントをもらえていました」

河内は、佐原伸一の後任として技術監督に就任した。佐原より三年後輩で一九九二年に入社した河内は、九五年からレースグループで車体設計の仕事を開始する。その後、一時期は量産車に異動して設計業務に携わり、二〇〇八年からレースグループへ復帰。二〇一〇年は見習い技術監督として佐原と行動を共にし、翌一一年に業務を引き継いだ。だが、奇しくもこの年かぎりで、スズキはレース活動をいったん休止することになる。

その最終年の仕様がもっとも高い戦闘力を備えていた、と河内はいう。

「私の見てきたＶ４のなかでは、自画自賛になるけど、最後の年が一番まとまっていたと思う。ライダーはアルバロ（・バウティスタ）ひとりのチーム体制でしたが、とくに後半戦では五、六番手を常に走れるところまで来ていて、なんとかシーズン内に表彰台を獲得したい、と思いながらやっていた一年でした」

青木と河内だけではない。佐原とポール・デニングも、この見方は一致している。

佐原はGSV‐Rのエンジン設計を担当した後、スーパーバイクのプロジェクトリーダーとしての仕事が多忙になり、数年間MotoGPから離れたが、二〇〇四年からレース現場の技術監督としてチームに合流した。二〇〇七年からは、開発プロジェクトリーダーとしての仕事も兼務することになった。

二〇一一年当時は、前述のとおり技術監督としての仕事を河内に引き継いでいる。

「990ccから800ccへエンジンが変更になり、車格も変えなきゃいけない、タイヤがワンメークになる――、といろいろあったけれども、まあまあ見ていられるようになったのは、800ccになったころですね。自分で思うには、MotoGPを休止する最後の年は、オートバイとしてかなり完成度の高いものになっていたと思います」

デニングも同様にいう。

「すべてをひっくるめてもっともいいバイクは二〇一一年の仕様だったと思います。あの年はほとんど毎戦ケーシー（・ストーナー）が勝っていたシーズンで、MotoGP二年目のアルバロは開幕戦のカタールで大腿骨を骨折してしまったために、大きなセットバックも強いられました。彼はビッグバイク二年目で、電子制御などもまだたくさん勉強しなければならなかったので、経験豊富なチームメイトがいれば、もっと成長できていたでしょう。それでも、レースによっては高い能力を発揮して、終盤周回まですごくいいレースをしてくれたことが何度もありました。転倒で終わってしまったのは残念ですが、そういった走りをできるくらい、二〇一一年のバイクはいい仕上がりでしたよ」

　四人の評価が図らずも一致するとおり、バイクの性能はたしかに向上していた。だが、レースのリザルトはその戦闘力を反映しなかった。佐原がこの年の皮肉な結果を振り返る。

「設計者も現場も、それぞれの立場で苦労したと思いますが、それが成果として出てきたのがあのバイクだった。とはいえ、では成績がいちばんよかったのかというと、必ずしもそうではなかったんですが――」

　あくまでも見た目では、二〇〇七年を頂点に、リズラスズキＭｏｔｏＧＰは右肩下がりのリザルトが続いた。

「成績って、レース部門以外の社内の人たちにとって真っ先に目に飛び込むものなんですよね。数字だけはレースを見ていない人にもわかる。だから、そこはやっぱり重要ですよ」

　これは、二〇一九年にチームスズキエクスターのアレックス・リンスがシーズン二勝を挙げて年間総合四位という好成績で終えたことについて、佐原が述べたものだ。だが、その十年前は、この言葉が言外に意味する負の作用が、佐原とデニングの率いるリズラスズキＭｏｔｏＧＰチームをヴァニシングポイント《消失点》に向けてじわじわと追いやりつつあった。

2

佐原伸一とポール・デニングの出会いは、ふたりがＭｏｔｏＧＰの世界に足を踏み込む前の二〇〇〇年にさかのぼる。

第一章で触れたとおり、当時の佐原はスーパーバイク世界選手権《ＳＢＫ》のアルスタースズキチームに技術者として出向するようなかたちで帯同し、世界各地を転戦していた。チームのエースライダーは、イタリア人ライダーのピエール・フランチェスコ・キリ。マシンは、スズキの量産車フラッグシップモデルをレース用に改造したＧＳＸ-Ｒ７５０だ。チームメイトは日本人選手の藤原克昭。余談になるが、この時代は芳賀紀行や柳川明など、多くの日本人選手がＳＢＫに参戦していた。

「ＳＢＫのパドックでは日本人コミュニティのようなものがあって、ライダーもチームスタッフも、コース上ではもちろんライバルだけれどもサーキットを出れば日本人同士で一緒にメシを食いに行くことも多く、垣根は低かったんですよ。同じ選手権を戦っているという、ある種の仲間意識のようなものがあったんですよね。それがＭｏｔｏＧＰの世界に来てみるとすごくピリピリしていて、同じ日本人でも他社の人間とは話をしないどころか、目も合わせない。ＧＰに来た当初は、怖い世界だな、と思った記憶があります」

と、佐原は当時の様子を振り返る。

さらに余談になるが、後年、スズキがＭｏｔｏＧＰ活動休止から復活した際にチームマネージャーに起用したダビデ・ブリビオも、このころに佐原とＳＢＫのパドックで出会っている。

一方のデニングだが、二〇〇〇年当時の彼は自らの実家が営むバイクショップ、クレセント・モーターサイクルを母体とするクレセントスズキチームを率いて全英選手権《BSB》に参戦していた。二〇〇〇年シーズンのライダーは新進気鋭のクリス・ウォーカーで、ＢＳＢのチャンピオン争いに加わる好成績を収めていた。ＳＢＫのイギリスラウンドにワイルドカード参戦する資格を得たデニングとウォーカーは、ＢＳＢの勢いを駆って勇躍、世界選手権の舞台に乗り込んできた。

そのレースで、ウォーカーはキリに対して真っ向勝負を挑んだ。

佐原が回顧する。

「比喩じゃなく、文字どおり物理的に、うちのキリにマシンをバチバチぶつけてくるような勝負を仕掛けてくるんですよ。〈おいおい、冗談じゃない。うちはチャンピオンシップがかかったレースをやってるんだ。いったいなにをやってくれるんだ〉と、ぼくが向こうのチームマネージャーだった人物に苦情をいいに行ったんです。それがポールとの最初の出会いでした」

青年監督のデニングは、そんなことをいってくる日本人は初めてだ、と驚きつつも、類型的な東アジアの人物像を覆すストレートな抗議を素直に受け入れた。

「そんなきっかけで知り合ったこともあって、以後はともに腹を割って話せる間柄になった気がしますね」

すでに触れたように、佐原は二〇〇四年からスズキＭｏｔｏＧＰの技術監督に就任し、翌年からデニングがチームの新しいマネージャーとしてそこに合流する。

二〇一一年にチームがＭｏｔｏＧＰ活動休止という難題に直面したときに、なんとかして食い止めようとこのふたりが協力してともに東奔西走したのは、当然といえば当然の成りゆきではあった。


すでに述べたように、デニングの実家は英国でクレセント・モーターサイクルという二輪車とその関連商品を販売するビジネスを展開している。英国や欧州の量産車販売に関しては、皮膚感覚で景気動向を把握できる環境にあるといっていいだろう。

そのデニングによると、いわゆるリーマンショックの影響によりスポーツモデルの販売数は二〇〇九年になって一気に急落したという。

「英国では、たとえばＧＳＸ‐Ｒなら１０００、７５０、６００の三種類のモデルは、二〇〇二年から〇七年まで、非常に安定して売れていました。〇八年も、けっして悪くはなかった。どのディーラーもＧＳＸ‐Ｒだけで一〇〇台は売っていたでしょう。ハヤブサやバンディットなど、他のスポーツバイクもそれに追随する格好です」

この好調な販売が、二〇〇九年から二〇一〇年に暗転した。

「スズキはこの時期、大きなモデルチェンジをしていなかったこともあって、二輪市場販売全体のなかでもとくに大きな影響を受けました。グラフでいえば、右肩下がりの傾向を示すという生やさしいものではなく、崖から一気に落ちるような急落でした。ディーラーたちはスズキの販売を尻込みするようになり、それが消費者心理にも影響を与えました」

この売れ行き不振の波及効果が、ひいてはスズキ経営幹部のＭｏｔｏＧＰに関する態度に負の効果を与えたのだろう、とデニングは類推する。

「スポーツバイク市場は、ＭｏｔｏＧＰのレース活動とそのブランドイメージがもっとも影響する分野ですから――」

商品の販売実績がこのように急落する一方であったのならば、この世界経済情勢厳しき状況下でただでさえ金のかかるレースを継続することには優先的な意義を見いだせない、という理路は、浜松に本拠を構える経営首脳陣にとって、あくまで合理的な意思決定であったのかもしれない。

それが形になって現れたのが、二〇一一年シーズンのライダー一名体制だ。

ロリス・カピロッシが二〇一〇年末でチームを離れたことにより、翌年のリズラスズキＭｏｔｏＧＰはアルバロ・バウティスタひとりで戦うことになった。

ファクトリーチームは通常、どのメーカーであっても二名のライダーを擁してシーズンを戦う。より戦闘力の高いマシンを開発していくうえで、獲得できるデータは多ければ多いほどよいことはいうまでもない。また、ライダーから上がってくる投入パーツ類の評価も、ひとりよりもふたりのほうが、技術者にとってはより偏りのない判断をくだしやすいという利点がある。

「ライダーがひとりになるのは、レースをやっている我々にとってはもちろん、ものすごく大きなダメージです。ひとりだと、開発やセットアップの方向性が合っているかどうかの評価をしにくくて、悪いのはバイクなのかあるいはライダーなのか、ということを判断するのも難しいわけですから。それでも、なんとかしてここに踏みとどまらきゃ、という気持ちが強かった」

佐原は、リズラスズキＭｏｔｏＧＰのライダーが一名に減ったときの心境を、そんなふうに振り返る。

二〇一〇年のシーズン半ばから、翌年のスズキがライダーひとり体制になるのではないか、という推測はパドック内に流布していた。しかし、そのたびに佐原やデニングは、その噂を打ち消した。じっさいに、彼らはなんとかライダー二名体制を維持する方向での模索を続けていた。ただし、彼らが二〇一一年の活動計画を会社に対して示した際には、

「翌年の活動案のひとつのオプションとして、〈ライダーがひとりになってもＭｏｔｏＧＰ参戦を続けさせてほしい〉というプランも用意していた」

と佐原は明かしている。結果的には、その選択肢が採用されたということになる。

「現場でレースを戦う我々としては、とにかくオートバイを速くしなきゃいけない、強いチームにしなきゃいけない、ということに必死になっているわけです。だから、じっさいには会社の苦しい状況をレースの現場は理解していなかったのかもしれない。社内にはいろんな人たちがいて、たとえば口が悪い人からは〈成績が悪いとレースなんてマイナスイメージを宣伝しているだけだ〉といわれることもありました。だから、我々はまず成績を出さなきゃいけない、ということがいつも頭にあったけど、予算という決められた枠組みもあるので、結果的に、ライダーをふたり走らせることができない、ひとりにしよう、ということでアルバロ一名のチーム体制になった。なんとかしてチームを存続させるための、苦渋の選択でした」

巷間でよく囁かれていたリズラスズキＭｏｔｏＧＰの厳しい予算が、ライダー数の減少として現実的な形になって現れた、ということだ。

自分たちの予算がライバル勢のファクトリーチームほど潤沢ではないだろうということは、現場でレースの最前線に立ち、そこから日本の開発陣を指揮する佐原や河内が誰よりもいちばんよく知っている。たとえば佐原は、予算規模と開発について、次のように説明をする。

「開発する立場としては、お金はあるに越したことはない。予算なんて、くれるものなら際限なくいくらでもほしい、というのが正直なところです。ただ、いろんな人から話を聞く限りだと、ホントかどうかはわからないけれども、我々の予算規模はよそのメーカーよりも少ないんじゃないのかな、とは思ってます」

でもね、とひと呼吸つくように一拍置き、強調するように続ける。

「その事実を、成績が出ないとか苦戦しているという言い訳にしたことは、いままで一度もないんですよ。むしろ、勝ったときには、〈この厳しい状況のなかで、皆、ほんとうによくがんばってくれたなあ〉とは思います。いってることが矛盾して聞こえるかもしれないけど、予算なんてあらかじめ上限があるのはあたりまえで、それをどう使うか考えながら組み立てなければならないものでしょう。これはどこのメーカーでも、どのチームでも、同じことだと思う。ぼくらは予算がないから作りたいモノを作れないわけじゃない。だから、それが原因でオートバイを開発できない、なんて考えたことは一回もありませんよ。だいたい、そんなのを言い訳にしたら、ライダーがかわいそうじゃないですか」

チーム規模を縮小していちばん厳しい状況のときに技術監督という責務を佐原から受け継いだ河内も、同様のことばを口にする。

「開発規模としては、かなり厳しいのではないかと思います。財布の見せ合いっこをしたわけではないのでよその事情はわからないんですが、いろいろ耳に入ってくる話を聞くかぎりだと、どうやらウチはよそほどの規模ではないんだろうな、とは感じます。ただ、そこをわきまえたうえで開発をしないと、ないものねだりをしてヘンな方向に行ってしまってもしようがないですからね」

他陣営と比べて少ない、とはいっても、そこはＭｏｔｏＧＰにかかる予算である。前章でも見たとおり、数千万や数億円程度で済むようなレベルの金額ではない。

河内が続ける。

「もちろん何十億というお金を使うプロジェクトです。だから、〈レースをやりたいんだ〉〈おれたちはレースが好きなんだ〉で片づく話ではないはずなんですよ。〈会社にこれだけの貢献をする活動だから、これだけのお金を使ってやるんですよ〉という、まずはレースをすることによるメリットありき、の話だと思う。エンジニアの立場としては、レースをやりたいやりたい、とひたすら思うかもしれないけれど、会社の立場になってみると、これだけの額を投資している以上、なんらかの見返りがなければできないわけですから」

では、レースをすることによるメリットとは、はたしてなんなのだろう。ひき続き、河内のことばをひく。

「いちばんはブランドイメージの向上だと思います。スズキのオートバイがホンダ、ヤマハ、ドゥカティと戦うわけですよね。レースをすることでスズキファンが増える、スズキというブランドに箔がつく、そして、ＭｏｔｏＧＰで戦っているスズキとして世の中に周知してもらえるようになる、ということです。そのためには、もちろん、喜んでもらえる成績を挙げなければならないんですが。

技術開発の面でも、ＭｏｔｏＧＰのレギュレーション《技術規則》がどんどん狭められて厳しくなっていくなかで、それでも量産車に使える技術はたくさんあるはずです。それを見つけなければ、企業の行うプロジェクトとしては意味をなさなくなってしまう。

さらに付随することでいえば、人が育っていく、という側面もあります。非常に限定された時間のなかで相手に勝たなきゃいけない、というレースの仕事は、会社員の業務としてはかなり特殊な部類だと思うんですよ。でも、その仕事をしたことで、量産車の職場に戻ったときに役立つことがきっとたくさんあるはずなんです」

佐原も、河内とまったく同じことを述べている。

「レースの目的はブランディングと技術のフィードバック——これは二輪・四輪・船外機、どれかに使えるものであればなんだっていいと思うんですが——、そしてあとひとつは人材育成。レースって、常に技術を更新しなければいけない、最先端を追いかけなければいけない場です。だからこそ、人材も育つ。

技術のフィードバック、という意味でも、レースで速く走るためにはライダーの快適性と操作性を追究する必要があって、そこを突き詰めていけば、商品に活かせるものは必ず出てくる。レースではいつもそこを意識しているわけじゃないにしても、なにかの区切りの際にはそこは継続的に考えるようにしています」

しかし、佐原や河内たちのこの考えかたは、二〇一〇年から一一年当時のスズキでは、必ずしも全社的、あるいは全経営首脳陣的に共有された思想ではなかったのだろう。

プロトタイプ開発で競合他社を相手に争うレース業務から消費者市場をターゲットとする量産車への技術転用、そして、レース活動を販促に有効活用する広報活動。過去のスズキではその両面ともに充分ではなかった、と鈴木俊宏社長が述べたことは、前章でも触れたとおりだ。

ライダー一名の陣容になった二〇一一年の参戦体制は、まさにその象徴だろう。

3

二〇一一年シーズンがスタートするころには、佐原、河内、デニングのチーム首脳三名は〈これが最後の年になるもしれない〉と通達されていた。

もちろん、この段階では、まだ最終決定ではない。佐原は、来期以降もチームを継続させる方法を探っていた。

「一台体制だとデータが取れない等、どうしても苦しいところがあるので、できれば二台体制に戻したい。どうすればできるかなあ、という計画案を作ったりしていたのですが、一方では、翌年も一台のままでいく、あるいはそれも難しくて活動を休止せざるを得ないかもしれない、という話は、シーズン当初から可能性として出ていましたね。自分のアイディアも表面上では聞いてくれていましたけれども、〈活動を止めるべきなのではないか〉、という意見は当時もすでに出ていました」

このような状況のなかで、河内はレース活動の有効性を実証するために、目の前の戦いひとつひとつで結果を出すことに注力した。

「八、九割がた、会社の方針としては決まっていたのかもしれません。それでも、佐原やポールや、私たち現場でやっている人間は難しい状況のなかで生き延びる方向を模索していました。なんとしても止めさせたくない。ライダーひとり体制になっても、レースはこれだけ有効だということをアピールできる成績を残そう。そう思いながら、日々、戦っていました。そもそも、レースは一度止めてしまうと、そう簡単に戻ってこられるような甘いものではないじゃないですか」

ＭｏｔｏＧＰは二輪ロードレースの世界最上級カテゴリである。そこでチャンピオンを競う二十数名の選手は、いわば、地球上でもっともオートバイを扱う技術に優れたスーパーアスリートたちだ。そんな彼らが、世界でたったひとりしか立つことのできないピラミッドの頂点を目指して熾烈に争っている場所は、参戦各メーカーが威信を賭けてもっとも優れたマシンの開発を目指し、しのぎを削っている技術競争の最前線でもある。

その戦いの場からいったん退場して距離を置いてしまえば、目まぐるしい速さで進行する開発競争から取り残されてしまうことは必至だ。その遅れを取り戻してふたたび世界の最前線で互角に争えるレベルへ復帰するためには、膨大な労力と費用と時間を必要とする。〈一度止めてしまうと、そう簡単に戻ってこられるような甘いものではない〉と河内がいうのは、そういう意味だ。

だからこそ、佐原とデニングは、いつもの年と同じようにレースを転戦しながら、なんとかしてチームを存続させるための打開策を見つけようと文字どおり駆けずり回った。

「当時のチームマネージャーだったポールと、プロジェクトリーダーである自分と、毎日電話をしたり、直接会って顔を合わせても〈どうしようかね〉〈どこかからスポンサーを見つけてきて、お金を何とかしようか〉とか、いつもそんな話ばかりですよ。

活動を休止すれば、レースを止めてセーブできるお金はたしかにあるだろうけど、喪うモノもまたあるわけでね。レースは企業にとってプロモーションで、重要な販促活動のひとつだから、止めることによるダメージもきっとあるはず。こういう時節柄だからこそ、スズキブランドを維持しなきゃダメなんじゃないか、と思っていたけれども、それを具体的な数字で示すことはなかなか難しかったのも事実です」

そこで、二月にマレーシア・セパンサーキットで行う三日間のプレシーズンテストが終了すると、佐原は日本に帰国せず、その足でインドネシアに飛んでスズキ現地法人やディーラーの視察訪問に出かけた。

東南アジアは、二十一世紀の二輪企業各社にとって、もっとも重要なマーケットといっていい。日本はホンダ、ヤマハ、スズキ、カワサキの二輪車四大メーカーが本社を構えるお膝元だが、市場規模は縮小の一途をたどり続けている。欧州は二輪が文化として定着していて、二輪ロードレースも安定して高い人気を誇るスポーツコンテンツだが、量産車販売という面では市場がすでに飽和しており、新たな需要の掘り起こしは期待できない。

それらと比較して、東南アジアは現在も成長を続けているマーケットで、地域全体の経済発展と呼応して、今後もさらなる需要の伸びが期待されている。もともとは、スクーターやアンダーボーンといわれるスーパーカブなどの小型車輌がよく売れていたが、近年では大型スポーツバイクのセールスも好調だ。

たとえばインド、ベトナム、フィリピン、インドネシア、タイ五ヶ国の二〇一八年販売台数は約三五〇〇万台。前年比九パーセント増、という高い業績（日本貿易振興機構による）で、さらに成長を続けている。国内四メーカーの営業収益は、この地域の伸びに頼っているのが実情といってもいい。

商品市場が活気づいていることに比例して、東南アジアでは全般的にＭｏｔｏＧＰの人気も非常に高い。クアラルンプールやバンコクの街を歩けば、外装にＭｏｔｏＧＰファクトリーチームのデザインを施したスクーターがそこらじゅう至るところで走っている。

この傾向を察知して、最初に敏感に反応したのがヤマハだ。

二〇一〇年シーズンのチーム発表会を、プレシーズンテストを実施するマレーシア・セパンで実施。そこでお披露目したファクトリーマシンやライダーのレザースーツには、インドネシア語の〈Semakin Di Depan〉というロゴが記されていた。

ヤマハモーターレーシングのマネージングダイレクター、リン・ジャーヴィスは、このロゴについて、以下のように説明した。

「経済的課題に直面する他のグローバル規模諸企業同様に、ヤマハを取り巻く現在の状況には厳しいものがあります。我々がヨーロッパやアメリカの事業で苦戦を強いられているのは事実ですが、アジア地域はいまのところきわめて好調です。ヤマハモーターインドネシアが我々を新たにスポンサードし、そのスローガンを我々のバイクに掲げるのは、けっして偶然の成りゆきによるものではありません。このスローガン〈Semakin de Depan〉は、いつも一歩前へ、という意味で、このことばは、アジア地域が二輪の成長市場であることを体現しているといっていいでしょう。我々の将来には大きな可能性があります。我々はアジア地域へ注力してゆきます」

ヤマハは現在でも、インドネシアでシーズン初頭のチームローンチイベントを実施し、選手が精力的にプロモーション活動に取り組んでいる。

翌年には、ホンダもこの動きに追随した。

ホンダの場合は、マシンと選手のレザースーツに〈Satu HATI. / One HEART.〉（心をひとつに）というロゴが記されている。これはホンダのインドネシア現地法人PTアストラホンダのスローガンだ。MotoGPのファクトリーチーム、レプソルホンダに限らず、中小排気量のMoto2、Moto3クラスに参戦するホンダチームアジアや、あるいは日本の夏の風物詩、鈴鹿八耐に参戦するホンダ系のチームにもこのロゴは共通して広く使用されている。

ホンダはアジア地域のモータースポーツ振興にも積極的で、アジアタレントカップやアジアドリームカップなどの育成プログラムを通じて、頭角を現してきた十代のヤングライダーたちを世界レベルへ押し上げていくスキームを粘り強く継続している。

このように、好調な量産車市場とモータースポーツの高い人気という両輪をうまく噛み合わせることで、ホンダとヤマハの両社はアジア地域で順調にビジネスを展開している。

ところがスズキの場合は、アジア地域の高いモータースポーツ人気を商品販売に繋げていく動きに出遅れていた。

「ヤマハは当時、バレンティーノ（・ロッシ）の人気をうまく活用して、インドネシアでもすごく成功していた。ホンダも、セパンテストの前や後に選手を連れて行って、プロモーション活動を積極的に展開している。でも、当時のウチはそういうことをまるでしていなかった。だから、セパンでプレシーズンテストを三日間やったその足でインドネシアに行ってみたんです。現地法人を訪ねたり、各都市の販売店に行って店長さんから話を聞いたり、小さなアンダーボーン用のサーキットに行ってレースを観てきたり、と、いろんなものをこの目で見て、肌で感触を感じて確かめてきました。

インドネシアは一九九〇年代の500cc時代に二回ほど開催したきり、もう二〇年もレースをやっていない。にもかかわらず、MotoGP人気のあの高さには驚かされました。だって、ライダーでもなんでもないぼくが現地の販売店へ視察に行っただけなのに、サインを求められたりしたくらいですから。他社がこの人気を活用してプロモーション活動をしていることは知っていたし、自分たちもなにかやらなきゃいけない、と薄々は考えていたけれども、これは使わないテはないぞ、と確信し、〈なぜ我々は東南アジア市場を有効活用していないのか〉と疑問をハッキリさせて、帰国後、即座に会社にレポートを提出しました」

もう一年、これを早くやっておくべきだった、と佐原は少し悔やむような表情を見せた。

あくまでも〈起こらなかった現実〉の架空の想定だが、佐原のいうとおり、もしも東南アジア市場のこの活気をレースを通じてうまくビジネスにつなげることができていれば、当時のチームを囲んでいた厳しい環境にも、なんらかの突破口を見いだせていたのかもしれない。だが、それもいまとなっては知るべくもない。

現実に、インドネシア現地法人ＰＴスズキインドモビルモーターのスローガン〈ＮＹＡＬＡＫＡＮ ＮＹＡＬＩ〉（気合いを入れろ、の意）が、スズキＭｏｔｏＧＰチームのリバリーに入るのは、復帰二年目の二〇一六年である。

4

「活動休止はすでに決まったことを発表しなかったのではなくて、最後の最後、ぎりぎりまで決まらなかったんですよ」

と佐原はいう。

デニングも同様にいう。

「会社側の意図、あるいは彼らのなかでの合意事項は、止める、ということだったのでしょう。しかし、最終的に決定が私やレーシンググループに通達されたのは、シーズン最終戦終了後でした。早いうちに我々が〈オーケイ、しようがないですね。わかりました〉とものわかりのよい返事をしていれば話はもっと簡単だったのかもしれませんが、私や佐原さんはチーム継続の方法を模索して粘り続けていました。ひょっとすると、それが向こうからの通達が遅くなってしまった理由なのかもしれません」

佐原のことばを続ける。

「レース活動で企業にプラスの影響を及ぼす費用対効果を、数字で表すのは不可能、ともいわれていますよね。レースに勝ったからといっても、たとえば次の日にバイクがたくさん売れる、というわけではけっしてないですから。でも、レースを続けることによって、確実にじわじわとブランドに対するイメージ効果が現れてくる。なかなか数値化できないことなんだけど、それこそ当時はこっちも必死だから、無理矢理に資料を作って営業部門や会社のトップマネージメントにも働きかけましたよ。あまり自分が勝手に動くものだから、快く思わない人たちからは〈ゲリラ行為だ〉ともいわれましたよね」

そういって、当時を思い出すように苦笑を泛かべる。

「当時の上司たちとも、けっこうやりあいましたよ。でも、経営首脳のボードメンバーのなかには、味方になってくれた人たちもいたんですよ。当時は副社長だった（鈴木）俊宏さんとも、勝手に直接やりとりをしていたから、面白く思っていない人たちも、当然、いたでしょうね。本来は、ぼくの立場だとそんなことはやっちゃいけないんです。間に何人か挟まなければいけないんだけど、でも、こっちもチームを継続できるかどうかという瀬戸際だからそんな悠長なことをやっていられない。クビになってもいいや、くらいの心境だったんですが、でも本音の部分では〈そんなに簡単にクビにはならねえだろう〉、とも思っていたんですけれどね」

活動継続に向けて奔走する佐原たちの努力とは裏腹に、リズラスズキＭｏｔｏＧＰを巡る状況は好転しなかった。

シーズン開幕戦直前の三月十一日には、東日本大震災が発生した。

開幕戦カタールＧＰでは、金曜日のフリープラクティスでチーム唯一のライダー、アルバロ・バウティスタが転倒して左足大腿骨を骨折した。手術のため、急遽スペインへ帰国することになり、以後のセッションと決勝レースはキャンセルした。

バウティスタは第二戦のホームグランプリ、スペインＧＰも欠場を余儀なくされた。このレースでは、かつてのファクトリーライダーだったジョン・ホプキンスが代役で参戦した。ホプキンスはこのレースを十位で完走している。

バウティスタは五月一日の第三戦ポルトガルで復帰した。しかし、体調はまだ完全にはほど遠く、十三位で完走するのがやっと、という状態だった。

そしてこの時期、レースを重ねるにつれ、選手たちの間では〈日本に行きたくない〉という声が少しずつ高まりはじめていた。

東日本大震災に伴う福島第一原発の事故について、当時のヨーロッパでは〈じつは日本は甚大な放射線被害を被っている〉とまことしやかに語られることが少なからずあった。日本国内ですら、正確な科学的知見に基づいて定量的な情報を啓蒙する献身的な研究者たちが御用学者よばわりされていた時期である。事態の当事者ではない欧州で、どのように扇情的に伝わっていたかは推して知るべしであろう。

秋に開催を予定している日本GPの会場、栃木県のツインリンクもてぎは、どうやら事故を起こした原子力発電所とそう遠くない距離にあるらしい。放射線は目に見えないところが恐ろしい。被曝の影響が顕在化するのは何年も経った後のことだ。そんな場所に行っても本当に大丈夫なのだろうか、等々——。

MotoGPを運営するDORNAスポーツ社は、正確な情報の収集に努め、詳細なデータを公開した。同社CEOのカルメロ・エスペレータは、選手たちと同席するセーフティ・コミッションの場で、日本でレースを開催することに問題はないと説明をした。

しかし、選手たちの漠とした疑心暗鬼は鎮まらず、それどころか日が経つにつれどんどん不安の嵩《かさ》を増していった。

第四戦フランスGPの予選後フロントロー記者会見では、質疑応答時間の大半が〈日本へ行ってレースをするのは妥当だと思うか〉という旨の、扇情的な質問で終始した。

続くカタルーニャGPでは、ある選手が、チェルノブイリの二十五年後をレポートする映画を昨日テレビで観た、と話し、あの映像を観てしまうととても日本には行く気になれない、この映画を皆に観てほしい、と述べた。政府機関の情報はどこも信用できない、というその意見に対し、あるジャーナリストから、国際原子力機関《IAEA》のウェブサイトでは毎週、最新データを更新しており、独立自治機関であるこの情報を参考に判断することを強くお勧めする、という声があがった。しかしこの指摘に対しても、選手の側は、あなたこそチェルノブイリの映画を観るべきだ、と話す一方で、この種の議論にありがちな平行線をたどるのみだった。

日本へ行くことに不安を感じていたのは、じつは選手たちだけではなかった。

選手たちは何度も合議を重ね、結局、全員がツインリンクもてぎへやって来て十月の日本ＧＰは無事に開催された。しかし、ある国の取材陣だけは、一名を除き、社員とフリーランスとにかかわらず、全員が渡日を見送った。

このような出来事も後景になりながら、二〇一一年シーズンは推移していった。

左足大腿骨骨折から復帰したバウティスタは、十一位や十二位、十三位といったあたりでゴールするレースが続いた。チームの存続は、依然として不分明な状態のままだった。

シーズン前半の区切りとなる第十戦ＵＳＧＰを終えた段階で、ランキングは十三位、とけっして芳しくはない位置だった。だが、三週間のサマーブレイクを経て八月からの後半戦に入ると、成績は目に見えて上昇しはじめた。

第十一戦チェコGPは転倒で終えたが、次のインディアナポリスGPからは六位、八位、六位と安定してシングルポジションでフィニッシュするレースが続いた。第十五戦日本GPでは三番手を走って表彰台を争う好位置につけたが、十四周目にビクトリーコーナー進入で転倒を喫した。

これらの好リザルトは、MotoGP活動がこれで最後になるかもしれないという事情がよい方向に作用した要素も大きかった、と河内は分析している。

「なんとか今後も活動を続けたいという気持ちはありながらも、現場に入ればやることはひとつで、レースをすることだけ。だから、とくに憂鬱さや重苦しさを感じながらやっていたわけではないんですが、不思議なもので、次がないとなると開発もいろんな方向を試すことができないので、バイクが自然とまとまるんですよ。あれをやりたいこれをやりたいと思っていても、できることはどうしても絞られてくるので、それも成績がよくなってきた理由なのかもしれません」

そしてこの好成績が、翌年以降もチームを生き延びさせたいという発奮材料になったという。

「会社にレースの有用性をわかってもらう、そのためにはレースを宣伝に使えるくらいのしっかりとした成績を挙げる。それがいつも念頭にありました。〈レース活動をしていい成績を挙げれば、レースはこんなにも会社に有用なんだ〉ということをわかってもらおうと、とにかく必死でした」

このころになると、リズラスズキＭｏｔｏＧＰで働くスタッフたちの間でも、今年かぎりでひょっとしたら活動を休止してしまうのではないか、という情報はおそらく暗黙の了解のようなコンセンサスとして共有されていただろう。チーム存続の可否は、ＭｏｔｏＧＰを報じる各国メディアにとって当時の大きな興味のひとつであり、パドックにいれば否が応でも真偽を取り混ぜたさまざまな関連情報が目や耳に入ってくる。

ただ、佐原はチームの存続を問われたときでもけっして悲観的なことばは返さなかった。

「ほとんどのスタッフは感づいていたと思います。でも、自分自身は活動休止を食い止めるために動き回っていたわけだから、〈どうなの？〉と訊ねられれば〈大丈夫だよ〉と答えていました。最後までイエスかノーかわからない状態だったとはいえ、瀬戸際にあるんだろうなということはおそらく皆が察していたでしょうね。でも、ぼくはレース活動を続けることが会社にとってもいいことだという信念を持っていたので、なんとかして継続する努力をずっとしていたし、その姿勢も見せていたつもりです」

だが、佐原たちがたとえチームの生き残りに向けて懸命な努力を続けていたとしても、ライダーやチーム員たちが不安定な状況に置かれているのは明らかだった。

たとえば、第十四戦アラゴンＧＰを控えた木曜日の事前記者会見に出席したアルバロ・バウティスタは、司会者から次のように訊ねられた。

〈噂によれば、スズキは（二〇一二年用の）１０００ccバイクのテストをしているということですが、それは本当なんでしょうか。何か情報はありますか？〉

バウティスタは、次のように答えた。

「そのニュースは知らないな。１０００ccをテストしたという話は過去にも聞いたことがあるけど、それが本当かどうかはわからない。来年に向けて１０００ccマシンを用意しようとがんばっていることは知っているけど、現段階ではまだなにもはっきりしていない。これからどうなっていくのかは、状況次第かな」

さらに司会者は、バウティスタ自身の今後について、重ねて訊いた。

〈あなた自身はどうなんでしょう。様子見ですか。あなたに関心がありそうな人たちもいるようですが〉

「いくつかオファーはあるよ。でもスズキは居心地がいいし、皆といっしょにここまでがんばってきた。いまは彼ら次第で、僕としては来年、１０００ccに乗りたいと思っている」

質問に答えつつも、具体的な内容への言及は巧みに避けている返答だ。

佐原たちは存続の道を模索する一方で、水面下では、万が一の場合に備えてライダーやチームスタッフたちの翌年の去就にも対応を図ろうとしていた。

「今後について訊かれたとしても、生き残ることに必死なこちらとしては、〈なんとかチームとして残す〉

といういいかたになりますよ。ただし、もしも万が一チームを残せなかった場合の皆の行き先を考えて、場所は確保していました。事情を全部説明できないにしても、他メーカーの人に〈可能であれば席を用意してもらいたい〉という交渉もして回りましたよね」

バウティスタの来季に関しては、ＨＲＣ副社長の中本修平にグレシーニホンダのシートを確保できるかどうか打診した。

「〈スズキがダメだったとしても、おまえを路頭に迷わせるわけにはいかない〉、アルバロにはそう話をしていました。彼の希望も聞いたうえで中本さんに相談し、グレシーニレーシングのファウスト・グレシーニ氏と当人同士でも話をさせて、お膳立てだけはしておきました」

デニングも同様に、チームのメンバーに対して情報を可能な限り開示し、万が一の場合の行き先を担保した。皮肉なことに、ライダー一名の小さな所帯だったことが幸か不幸か奏効した。

「だから、正直なことをいえばさほど難しい作業ではなかったんですよ」

そういってデニングは頬を少しゆるめた。

「ＳＢＫのプロジェクトに仕事を提案したのがひとりかふたり。他のチームに紹介して場所を確保したのが、さらにひとりかふたり。大半の者は、活動休止が公式に発表される前に準備をできていました。私たちとしても、可能な限り状況にうまく対応するため、皆に対して公平かつ正直に接してきたつもりです」

リズラスズキMotoGPを構成していたメンバーは、スズキの従業員とクレセント・モーターサイクルのスタッフに大別される。スズキの従業員の場合は、チームが活動を休止した場合でも失職することはない。人事異動で職場がサーキットから他部署へ移るだけのことだ。一方、デニング側のスタッフはクレセント・モーターサイクルとの雇用契約になるため、日本人のスズキ社員たちとは就業形態が異なるとはいえ、チームが解散してもクレセントが仕事を差配し斡旋する。

だが、MotoGPの現場には、そのような人々とは異なる就業形態もある。

フリーランスの契約エンジニア（あるいはメカニック）、という仕事だ。

彼らは、レースの世界で蓄積してきた技術や知識を武器に、メーカーやチームと雇用契約を交わす。近年の日本の術語を使うならば、非正規雇用のレース職人、とでもいったところか。クレセント側スタッフのなかにも、じつはこのような形態で働いていた者たちは少なくない。熟練したエンジニアやメカニックになると、ライダーからの信任が篤く、彼らに請われる格好でチームからチームへと渡り歩く。グランプリ界の名物メカニックやエンジニアには、このような就業形態で実力を培い名を馳せていった人が多い。そこまで行けば〈レースの職人〉としても一人前だ。

このような働き方をする人々は、なにもヨーロッパ人に限らない。リズラスズキMotoGPでスズキの契約エンジニアとして働いていた佐々木哲也もそのひとりだ。

5

佐々木はスズキと契約を交わし、チーム付きのレースエンジニアとしてリズラスズキＭｏｔｏＧＰのチーム内で仕事をしてきた。上背があり肩幅の広い背格好は、大柄なヨーロッパ人と並んでも見劣りしない。

佐々木によれば、二〇一一年の開幕当初は、翌年以降の動向に関してチーム内部の雰囲気はけっして悲観的ではなかったようだ。男前が上がるようなやや掠れ気味の声で佐々木がいう。

「ポールたちは状況を把握していたんでしょうが、活動面でネガティブな空気はとくになかったですよ。リーマンショックなどがあってスズキの契約エンジニアはＭｏｔｏＧＰで仕事をしていた自分ひとりになったし、予算的にも厳しい状態が続いていたと思うけど、チームのレース活動は前向きに続けていく方向だったし、ネガティブな話はしたおぼえがないですね」

ただ、その一方では、メディアなどを通じた情報で、チームが継続できるかどうか危うい状態にあることも理解はしていた。

「そういう話を聞くのは、やっぱり、やりきれないですよね」

と佐々木はいう。

「自分たちはマネージメントスタッフじゃなくて技術者で、少しでも速いバイクを作る、少しでもいい成績を求める、ということが仕事じゃないですか。だから、止めるとか止めないとかいうことは、そもそも立場的に自分がどうこうできることではないし、それだけにそんな話はできれば聞きたくないですよ。モチベーションが下がっちゃうから」

それはそうだろう。先述したように、社員スタッフは活動を休止しても仕事がなくなるおそれはない。だが、契約スタッフの場合は、チームがなくなってしまうことはすなわち自分の仕事がなくなることを意味するのだから。

幸いなことに、佐々木の場合は二〇一二年も引き続きスズキとの契約は継続するという約束を得ていた。チームが二〇一一年限りで参戦休止に至ったとしても、活動再開時に使用する１０００ccマシンの開発業務に携わる予定になっていたのだ。

二〇〇八年以降二〇一一年の現在まで、ＭｏｔｏＧＰは８００ccのバイクで争っている。このエンジン排気量が、技術規則の変更により二〇一二年からは１０００ccに引き上げられることがすでに決まっていた。前項のバウティスタに対する質問での、１０００ccバイクのテスト云々というくだりは、それが背景事情になっている。この1000cc化を巡るスズキの動向については、後段であらためて詳述する。

佐々木がこのチームで仕事をするに至った経緯は、ある意味でいかにもスズキらしいエピソードがきっかけになっている。

一九九〇年代、全日本選手権の250ccクラスに参戦する小さなチームに佐々木は在籍していた。ホンダのレース専用市販車RS250Rをベースに、自分たちでフレームやスイングアームを製作しながらレース活動を続けていたが、やがて資金繰りに行き詰まり、一九九七年には二進も三進もいかないところまで追い詰められてしまった。

レース業界の先輩たちに今後の身の振り方を相談したところ、ふたつの道を提案された。ひとつはHRC、もうひとつはスズキである。

「HRCに入れば、世界最高のレベルで世界最高のものづくりをしている企業のなかで、世界最高の品質を見ることができる。でも、おまえのようにプライベートチームでパーツをこしらえてレースをやってきた人間がそこに入っても、きっと自分がやりたいと思っているようなことはできないよ。昔はともかく、いまはもうそういう時代じゃないから」

でも、スズキならきっと自分のやりたいことをできるんじゃないのかな。

そういわれたことで、佐々木の肚は決まった。

スズキの契約メカニックとして全日本選手権250ccクラスに参戦、扱うマシンもRS250RからRGV-Γ250になった。

「RSは、市販レーサーとはいえクオリティがすごいんですよ。スズキではじめてΓをみたときは、残念ながら大違いだった。でも、ああしたほうがいいんじゃないだろうか、こうしたほうがよくなるんじゃないかという意見は、細かなパーツに至るまで取り入れてくれたし、やりたいことを自分の裁量でやらせてもらえた。それがいまの自分にすごく役に立っている。小さな所帯だからこそできたことで、ホンダさんや他のメーカーなら、きっとああいう経験や知識を蓄える経験はできなかったでしょうね。いろんなことをやらせてもらえたし、スズキに来てよかったと本当に思う」

でもそれは、所帯が小さいからなんでも自分でやらなきゃいけない、ということでもあるんですけど、と付け加えて笑う。

「もともと裕福な環境でレースをやっていたわけではないので、お金がないことには慣れているし、そんな貧乏プライベーターと比べれば小さいといってもファクトリーだから、いろんなリクエストに応えてくれる。自分たちでよくしていこう、ということをものすごく自由にできましたね」

全日本選手権でスーパーバイクやMotoGPのプロトタイプに相当するマシンを担当していたその時代に大きな影響を受けたのが、当時のスズキでレースグループを率いていた繁野谷忠臣だ。

「メカニックの立場からけっこうな無理難題をいつもいっていたんだけど、繁野谷さんはそれを受け止めて、予算も持ってきてくれた。二〇〇〇年にケニーJr.がチャンピオンを獲れたのも、繁野谷さんがキーパーソンでした。

アメリカに長くいた人だから、〈勝つ〉〈チャンピオンを獲る〉と決めたら、有言実行でその目的に向かって明確に進んでいく。いまのスズキに必要なのは、ああいう人です」

繁野谷がスズキのレース活動に残した大きな足跡は、後の章で詳しく述べたい。

ともあれ、全日本を経験した佐々木は、二〇〇三年と〇四年に国内開発を担当し、〇五年にテストチームのエンジニアとしてヨーロッパへ赴くようになった。そして、チームにタイトルスポンサーのリズラがついた〇六年から、MotoGPのチーム付き契約レースエンジニアとしてシーズン全戦の帯同を開始した。以後、活動を休止する二〇一一年末までチームと行動を共にする。

このリズラ時代はデニングのスタッフから学ぶことが多く、エンジニアとして非常に勉強になった、と当時を振り返る。

「メカニックとしての経験、エンジニアとしての考えかたをすごく教えられました。簡単にいえば、ライダーの考えかたとバイクの操作や機構に対するアプローチ、ということになるでしょうか」

時間が限られたレースウィーク中のセッションで、理屈のうえではどんなによいセットアップをエンジニアやメカニックたちが見いだしたとしても、ライダーがそれに乗れなければ意味はない。ライダーがもっとも快適に扱えて、速く走ることのできるバイクに仕上げるには、どうすればよいのか。

「いまは電子制御がどんどんバイクの操作に介入して、データ解析技術も進歩しているから、ある意味じゃバイクを知らなくても仕事をできる時代なんですよ。でも、自分のようなオールドスクールの人間は、やっぱりバイクは長年の経験や知識やカンで仕上げていく、という発想が染みついてしまっている。データ至上主義のようないまのありかたは、自分たちの考えかたとは違ってきたのかな、という気もするんだけど、おそらくどちらが重要ということではなく、両方のバランスなんでしょうね。それがバイクの難しいところでもあり、面白いところなんですよ、きっと」

リズラスズキＭｏｔｏＧＰの活動休止後、日本国内で参戦復帰を目指すプロジェクトに参画していた佐々木は、二〇一二年末にいったんスズキを離れる。Ｍｏｔｏ２クラスで新たに結成されたＩＤＥＭＩＴＳＵ　Ｈｏｎｄａ　Ｔｅａｍ　Ａｓｉａのエンジニア兼テクニカルコーディネーターとしてチームの立ち上げにゼロから関わり、ここで三年間を過ごした。

そしてその後、活動を再開したチームスズキエクスターに、二〇一六年からふたたびレースエンジニアとして合流を果たした。

6

二〇一一年の八月まで少し時間を戻したい。

サマーブレイクを挟んでシーズン後半戦がはじまる第十一戦チェコGP決勝レースで、リズラスズキMotoGPのアルバロ・バウティスタが転倒リタイアで終わったことはすでに述べた。

このチェコGPが行われた翌日月曜のブルノサーキットでは、MotoGPに参戦するチームが居残りで一日の事後テストを実施することが毎年の恒例になっている。

レース翌日のサーキットは、前日までの狂騒的な賑わいがうそのように閑散としている。

ここチェコ共和国のブルノサーキットは、フリープラクティスが行われる金曜から決勝日の日曜までの計三日間で、二十三、四万人の観客を毎年動員するシーズン屈指の人気会場だ。だが、一夜明けた月曜のサーキットは、チームスタッフやパドック関係者がときおり行き交うのみで、コース上を走行するバイクの轟音も、むしろ樹々に囲まれた一帯の静かさのほうをさらに際立たせるほど森閑としている。

この年のブルノ事後テストは、メディアからちょっとした注目を集めていた。

二〇一二年から適用される新技術規則にのっとった１０００ccマシンのプロトタイプが、ここでお披露目されるのかどうか。

とくに関心が集まるのは、スズキの動向だ。

どの陣営も、翌年用のマシン開発を精力的に進めている。たとえばヤマハは、二月にマレーシア・セパンで実施したプレシーズンテストの段階ですでに、進捗が順調であると明かしている。この三日間のテストの際に、同社でMotoGPプロジェクトを率いていた古沢政生に開発状況を訊ねた際、以下のような返答がかえってきた。

「すでに二〇一二年については準備を進めているので、いまからとくに何か新しいものをやることはないですよ」

余裕とも取れるような笑みを片頬に泛かべ、古沢は穏やかな口調で話した。

「排気量アップで必然的にトルクが上がる、ということが一番大きな課題で、燃料はできればたくさんほしいんだけど、排気量が上がってもタンク容量はそのままだから、燃費とトルクやパワーの両立が厳しいですね。でも、過去に990ccをやっていたわけだから、800ccの電子制御とうまく組み合わせれば方策はないわけじゃない。具体的なところはいえませんが、ま、粛々と開発を進めていくだけですよ」

このテストの数ヶ月後に、古沢は第一線を退くことがすでに決まっていた。安心して引退できそうか、と訊ねると、競争というものはいつもそうだと思うんですが、けっしてラクなものではないですよ、と留保しながらも、

「両目をつぶって寝るわけにはいきませんが、片目を開けながらであれば、おそらく大丈夫でしょう」

そういって笑った。

「気にはかけていますが、大きな心配はない。がんばって一所懸命やってくれれば、いい結果が出ると思います」

そのときのことばどおり、ヤマハは日本で着々と開発を進めてきた翌年用1000ccマシンのプロトタイプを、このブルノ事後テストで走らせた。ホンダも同様に、二〇一二年型RC213Vをお披露目した。一日を終えて最速を記録したのは、このプロトタイプマシンRC213Vを走らせたケーシー・ストーナーで、現行800ccマシンのファステストラップと比べても遜色ないタイムだった。一方、ドゥカティは、すでにイタリアで実走済みの1000ccマシンをブルノには持ち込まず、現行の800ccマシンのみで淡々と一日のテストを行った。

そして、スズキはこのテストに参加をしなかった。

やはり——。

推して知るべし、とでもいうべき暗黙の了解が、スズキ不在に対するこのときのメディア側の反応だった。

「おそらくその段階では、開発はまだしていなかったと思います」

佐々木は当時の状況をそう振り返る。

「活動休止後の二〇一二年はインライン4で開発を進めていく予定だったように思うので、その路線で行くアイディアはひょっとしたらすでにあったのかもしれない。でも、少なくともシーズン中はまだ1000ccは形になっていませんでした」

チームの技術監督を務めていた河内も

「そのころはまだ、どういう諸元でいこうか、という話し合いがはじまったばかりの時期だったかもしれませんね」

という。

この当時のスズキ社内では、MotoGP活動の継続／休止の議論とも連動する形で〈V4エンジンを継続使用する〉意見と〈新たにインライン4で出直す〉意見があり、両者の間ではけっこうな喧々囂々《けんけんごうごう》があった。

河内は、レース活動の継続があくまで最優先で、そのためには従来のV4エンジンを使用するのが最良の方法だと考えていた。

「一度止めてしまってここから退くと、もう追いつけない。そう考えていました。だから、いったんレースを止めてあらためてインライン4で仕切り直すのではなく、800ccのV4を1000cc化するのがいちばん近道だと思っていました」

８００ccの４気筒エンジンを１０００cc化する、ということは、１気筒あたりの排気量を５０cc増やす、ということだ。手法としては、ボアアップ——各気筒のシリンダーボア（内径）を大きくする、あるいはピストンのストローク量を増大させる——というやりかたになる。

佐原も、河内と同様に、現行のＶ４を１０００cc化する方法がもっとも手っ取り早い、という考えだった。

「かりに二〇一二年に、１０００ccにスケールアップしたマシンでどれくらいの成績が期待できたのかというと、正直なところ、疑問ですよ。〈しょせん、急場で作ったようなモノでしかないんじゃないのか〉とも思いました。だけど、他メーカーも１０００ccを走らせるのは初めてなわけだから、そこに可能性がないわけではなかった。あるいは８００ccのまま続けて出たとしても、ある程度は戦えるだろうとも思っていました」

技術規則では、翌年の二〇一二年からMotoGPクラスのエンジン排気量は１０００ccと定められていたが、これはあくまで最大排気量として記されている上限であり、８００ccで参戦することが禁じられていたわけではない。そうはいっても、排気量に２００ccも差があるのでは、性能的な不利はいかんともしがたい。

〈ある程度は戦える〉と佐原がいうのは、その場を凌ぐためのあくまでも窮余の策だ。

「シーズンオフのテスト結果にもよるでしょうが、考えかたの案として、８００ccのまま一年乗りきって、その間に1000ccを開発すればいい、と考えていました。〈一年ありゃあできるな〉と考えていましたから」

この方法を採る場合、佐原が念頭に置いていた1000ccのエンジン型式は、やはり従来のV4だったという。

「いったん決めたものを変えるには、非常に大きなエネルギーがいるので、そこはもう突き進むしかなかった、というのも事実です。ホンダが強いときは〈いまのMotoGPはVのほうが有利だ〉という声があって、ヤマハが強くなると今度は〈インラインじゃなければ勝てない〉という人が出てくる。でも、Vとインラインは、それぞれにいいところがあるから、どちらが正解とか有利だとかいうことはない。それはいまでもそう思います。ただ、一度決めたエンジン型式をコロコロ変えるのはムリなので、そのいいところを理解して開発を進めていくしかないですよね」

その一方では、頃合いを見計らってV型4気筒からインライン4へ方向転換することも、長期的には視野に入れていた、とも明かす。

「並行して開発を進める、という方法です。幸いにも990時代から800にしたときにジオメトリ(車体の形状や重量配分バランス)はそんなに変わっていないので、これは逆にいえば800の車体に1000クラスのエンジンを載せることもできる、ということです。もちろんそれなりのテストは必要だけど、それほどエネルギーや工数をかけなくてもVの1000cc化は可能です。

だから、工数をあまり必要としないVを１０００cc化していく作業の傍らで、インライン４を新たに設計する、という案も考えていました。スズキにはV型エンジンを搭載したスポーツモデルの量産車がありません。レースを、お金を儲けるためのビジネスプロモーション活動と考えたとき、量産とのイメージの直結という点では、レースもなんらかのタイミングでいずれインライン４にしていくことは必要だったでしょうから。

ただし、二〇一二年に関して考えていたのは、活動を続けていくことができるならばいまいった最低限の工数でなんとかVのまま参戦する、というやりかたです。やっとトップを狙えるオートバイに仕上がってきて、電子制御についてもせっかくいろんなことを学んできたのに、それが途切れてしまうのはもったいないし、ここでレースを止めてしまったらもう追いつけなくなってしまう――」

二〇一二年から変更になるＭｏｔｏＧＰの技術規則を縦軸とすれば、活動休止を巡るスズキ社内でのさまざまな思惑や駆け引きが横軸となって、Ｖ４とインライン４のふたつのエンジン型式はその座標系のなかを不安定に揺れ動いていたようにも見える。

この錯綜した状況を少し整理しておこう。

ふたつのエンジン型式のアイディアが複雑に絡まりあってしまった理由について、当時、日本側開発陣でレーサー設計チームリーダーの任にあった寺田覚は、以下のように説明する。

「インライン4は、もともとは活動休止とはとくに関係がないところでスタートした話なんです。二〇一二年の技術規則変更について、二〇〇九年や二〇一〇年ごろに話し合いがはじまったときに、どういうエンジン型式でいくのかという議論がすでにありましたね」

三角形のしっかりとした眉が特徴的な寺田は佐原と同じ一九六四年生まれだが、入社は寺田のほうが一年早い。プロジェクトリーダーとしてレース現場からさまざまな開発課題などを日本へ投げていく佐原に対して、寺田はそれを日本側で受け止めて設計開発と実験作業をとりまとめる立場にあった。ともにレースの仕事に長く関わってきたこともあり、〈さる兄い〉〈えてっちゃん〉と呼び合う仲でもある。

「会社にいると、レースをする意義をよく問われるんです」

と寺田はいう。

「企業ブランディングのため、技術開発のため、人材育成のため、といろんな意義があるなかで、現実に売っている商品に対してレースはどれだけ関連性を持っているのか、という議論があり、1000ccのプロジェクトはインライン4の方向に進んでいたんですよ。だから、技術規則の変更で1000cc化する際は〈インライン4でやっていきましょう〉という結論でした。ところが、それとは別のところでMotoGPの活動を休止するという話がどんどん浮上してきた。そこで、Vのままならばレースを継続できないか、というアイディアで模索をしていった、というわけです」

V型エンジンでレース活動を継続する模索を続けた具体的な段取りは、佐原によると以下のとおりだ。

「レースをやっている立場からすると、早く戦闘力を上げて勝てるものを作りたい。優先順位としては、それがトップにくるじゃないですか。そうしたときに、V4で1000cc化していくのがいちばんの近道ですよね。ここまで積み上げてきたモノを使えるわけだから。これが最初の案。でも、会社としてはレースを趣味でやっているわけじゃないから、商売に繋げることを考えなければならない。だから次の1000ccマシンはインライン4である、ということを我々は理解します。

そうであるならば、二〇一二年は1000ccに切り替わる年だけどルール上では800ccでもオーケーなので、それをそのまま使うか、なんならボアアップしてでもレースを続けている間にインライン4を開発しましょう、というのが二段階目のアイディア。レースを止めてしまうと周囲のレベルがわからなくなるし、電子制御でも大きく立ち後れて置いて行かれてしまう。それは絶対にまずいから、Vで参戦を続けながら新しく開発するインライン4にその技術成果を入れていこう、ということですね。

だけどそうじゃなくて最終的に落ち着いたのは、Vの開発を停めて、レースの参戦も休止して、新たに1000ccを開発して二年、三年後に復活しましょう、というプロジェクトになっていった、というわけです」

二〇一一年もシーズン半ばを過ぎて、佐原や河内たちはレース継続を目指して最大限の模索を続けている。ようやく他社の水準に追いついてきた、という技術者の実感は、後半戦が進むにつれて顕著にリザルトへ反映されるようになった。

第十二戦インディアナポリスGPは、表彰台圏内まで20秒差の六位。

第十三戦サンマリノGPも、同様に三位まで20秒差の八位。

第十四戦アラゴンGPでは、三位に15秒差の六位。

決勝レースを終えたこの日の夕刻、撤収作業に慌ただしいパドックの片隅で佐原を捕まえ、現状でのチーム状況を訊ねた。

いろいろな噂があるようだけれども、我々としては来年は二台体制で行きたいと考えている、と佐原は切り出した。

「やっぱり、ファクトリーチームである以上、二台揃えておくべきですしね。バイクはそりゃあ1000が理想だけど、そこにはこだわらなくてもいいのかな、とも思っています」

それは自らに言い聞かせる口調のようでもあった。

「バイクはようやくいい状態に仕上がってきて、どうすれば戦っていけるかも遅まきながらわかってきました。スズキはずっと下位でいいなんて我々はまったく思っていないし、このあいだのミザノ（サンマリノGP）でも、以前のウチなら八位で万々歳だったけど、レースを終わったときはまるでお通夜みたいでしたからね」

チームの二〇一二年以降の存続可能性に関しては、隠すことなく正直に述べた。

「経営陣のなかにはいろいろな意見があって、〈もうレースはいいんじゃないのか〉という声があるのは事実です。でも、我々側に寄って考えてくれる人たちもいます。スズキに対するパドックの評価は高いものをいただいているようだし、じっさいに多くのライダーや関係者からも応援の声をかけてもらっています」

そして、こう付け加えた。

「もてぎでは経営陣の人たちに現場へ来てもらって、レースを見てもらおうと思っているんですよ。ぼくとしては、来年もアルバロで行きたいと考えているので――」

このアラゴンGPを終えて、二週間後にはいよいよ日本GPを迎える。

7

二〇一一年の日本GPは、九月三十日にスタートした。開催地のツインリンクもてぎは栃木と茨城の県境に近く、周囲は山に囲まれているため、この時期は日没が早い。午後六時ごろになれば、すでに夕闇が一帯を覆う。初日の金曜は終日の好天に恵まれるなか、午前と午後にフリープラクティスを行った。リズラスズキＭｏｔｏＧＰのアルバロ・バウティスタは、トップから１・３０７秒差の十一番手だった。

二日目の土曜日は、上空を厚い曇が覆い、すっきりとしない天候の一日になった。前日よりも大気は五℃、路面は十℃ほど低い温度条件で推移した。この日は午前に三回目のフリープラクティス、午後からは決勝のスタート位置を決める予選が行われた。この予選を終えて、バウティスタは三列目中央の八番グリッドを獲得した。

決勝レースが行われる日曜は、土曜よりもさらに温度が下がり、この時期にしては肌寒い一日になった。ＭｏｔｏＧＰの決勝は、午後二時から全二十四周で争われる。

この決勝レースに、スズキ株式会社の経営幹部たちが視察と観戦に訪れた。佐原伸一やポール・デニング、河内健たちリズラスズキＭｏｔｏＧＰの面々にとっては、重役陣の前でなんとしてもいいパフォーマンスを披露し、今後につながる好印象を与えておきたい重要な一戦だ。

そして佐原にはさらにもうひとつ、この日に実行するべき重要なことがあった。

チームは、はたして来年も継続できるのか。あるいは解散しなければならないのか。すでに季節は秋を迎え、シーズンも終盤に差し掛かっている。万が一のことを考えれば、ライダーやスタッフたちの来季の去就も担保しておく必要がある。

「スズキが活動を止めてしまうと、彼らの行き先がなくなってしまう。でも、皆、生活がかかっているわけだから、それは困る。なので、水面下で他のメーカーやチームともやりとりをしながら、休止の場合に備えて話をしていました」

この万が一の場合のオプションを準備する作業もさることながら、ホンダとヤマハはスズキが活動を継続できるように非常に協力をしてくれた、と佐原は回顧する。

「スズキがＭｏｔｏＧＰからいなくなってしまうと参戦メーカーが減るわけだから、ＭｏｔｏＧＰを盛り上げるという意味ではけっして良いことではない。競争相手のライバル企業なのにホンダもヤマハもそう考えてくれていて、ぼくたちが生き残っていくためにいろいろと力を貸してくれました。ホンダでは当時ＨＲＣの副社長だった中本さんがとても助けてくれて、いろいろとヒントを与えてくれました。〈ダメだった場合には、よろしく頼むね〉という話も聞いてくれていて、もし中本さんがいなかったら、おそらくアルバロはグレシーニレーシングには行けなかったでしょうね」

ヤマハの場合は、スズキ上層部を交えたミーティングの場を用意した。

古沢政生の後任としてＭｏｔｏＧＰのマシン開発を統括するヤマハ発動機の中島雅彦や、ファクトリーチーム活動を束ねるヤマハモーターレーシングのマネージング・ダイレクター、リン・ジャーヴィスが、ライバル企業の存続のためにひと肌もふた肌も脱いだ。

「〈スズキが残れるように我々も協力するよ〉、といってくれて、ヤマハがどうやってレースを企業プロモーションに繋げているのか、社内でどんな連携しているのか等々を、うちの上層部の前でプレゼンテーションしてもらえることになったんです」

どんよりとした雲が上空を覆うツインリンクもてぎのパドックで、佐原はレースを視察に訪れた上司たち経営幹部を連れて、ヤマハのオフィスを訪問した。

「リンや中島さんには、ただただ、感謝のひとことしかなかったですね」

ＭｏｔｏＧＰ開催中のツインリンクもてぎでは、ピットボックス裏のパドックに臨時のチームオフィスや選手控え室が設営され、似たような外観の仮設コンテナハウスが整然と並ぶ。チーム関係者や取材陣など立ち入りを許可された人員以外は入れないように柵で囲われ、その仕切りの出入り口は警備員たちが固めている。人気選手が控え室とピットボックスを行き来する通路の近くでは、柵に沿って大勢のファンがその姿をひと目見ようと並んでいる。ときに警備員が身体を張って柵を押し戻さなければならないほど、黒山の人だかりになることも珍しくない。

そんなパドックのヤマハオフィス内で、スズキのトップマネージメントを招いてブリーフィングが行われていようとは、ライダーの出待ちでピット前にたむろする大勢のファンはもちろん、このレースを取材するために欧州各国から訪れている多くのベテランジャーナリストたちですら、知るよしもないことだった。

そこでヤマハの人々からスズキの首脳陣に対して行われたプレゼンテーションは、企業のブランディング強化やプレゼンス向上等の販売促進にレースがいかに有効なツールであるかということ、東南アジアという大きなポテンシャルを持つマーケットへ参入する際にはMotoGPが大きな梃子《てこ》になり得ること等々、佐原が二月にインドネシアを視察して痛切に実感したことと大きく重なるものが多い。

「ぼく自身がもともと技術畑の人間なので、ブランド力を強化するためにはどうすればいいのか、具体的なことはわかっていなかったんですよ。だから、他社さんはいったいどういうふうにレース活動を販促活動に有効活用しているのか、ということをレクチャーしてもらい、うちの上層部の者たちと一緒に聞いた、というような内容のミーティングでしたね」

表面上は謙虚に聞こえる説明だが、第三者の口を借りることでレース活動継続を上司たちに説得しようとするしたたかな狙いもそこには垣間見える。

佐原同様にデニングも、企業のプレゼンス向上にとってレースがいかに重要かということを、これまで再三にわたって日本のボードメンバーに訴えてきた。

「あのころのスズキは、いまとまったく対照的で、二輪ロードレース活動を企業プロモーションに活用したり、レースで培ってきた技術を四輪やマリン、その他レジャー製品などへ転用することにあまり前向きではありませんでした。当時の私たちが経営幹部の人々に積極的にアピールし続けてきたことが、ひょっとしたら結果的にごくごく少しでも貢献することになって現在の彼らの積極的な企業姿勢につながっているのだとすれば、がんばってきた甲斐があったというものですよ」

たとえば、とデニングはいう。

「ＭｏｔｏＧＰマシンをＳＷＩＦＴのカラーリングデザインにして参戦する、というアイディアも提案したことがありました。四輪市場のほうが規模としてははるかに大きいし、このデザインを採用することで、四輪と二輪の技術が共存していると示すこともできます。しかし、この案は受け入れられませんでした。当時は、ＭｏｔｏＧＰ活動は大排気量の二輪量産車販売に直結するもの、と考えられていたからです」

デニングは、リズラスズキＭｏｔｏＧＰのチームマネージャー在任中に経営幹部とも何度かミーティングを行っている。そのなかでいまも強く印象に残っている人物が、小野浩孝だ。

「たしか銀行業から転身してきたように記憶しています。直接お会いしたのは二回程度だったのですが、とてもダイナミックな性格の人物でした」

デニングの記憶には、一部誤りがある。鈴木修会長の娘婿である小野は、経産省の出身だ。堅実な職業、という印象が、そのような記憶になったのかもしれない。次期社長候補とも目されていた小野は、二〇〇七年に膵臓癌により五十二歳の若さで急逝している。

小野の人柄に対するデニングの観察は、鋭い。

「小野さんは、べき論や筋論よりも、可能性のほうに理解を示してくれる人物でした。将来に向けた展望やアイディアにも、理解を示してくれていました。彼が二〇一一年もご存命であれば、MotoGPを休止するという判断は異なっていたかもしれません」

小野が生きていればどうだったか、という仮定については、現在となってはもはや推測のしようがない。ただ、小野が自社の二輪レース活動を好意的に見守っていたことは佐原も認めている。

「応援してくれていました。小野さんには予算の面で助けていただいたし、こういう活動をしてこういう成績につなげたい、という我々の考えに対しても、非常によく理解をしてくださいました。ポールは〈おいおい、会社の偉い人にそんな口の利き方していいの？〉というくらい、気さくに話をしていましたよ。おそらく、小野さん自身が気さくな感じの人だったからポールも躊躇なく、気軽に話をしていたのかもしれませんが」

二〇一一年のもてぎに話を戻すと、スズキ首脳陣とレース現場マネージャーたちとの間で行われたミーティングで、デニングと佐原はV４エンジンによるレース継続を訴えた。

「ポールはスズキのチームマネージャーとして、会社を背負って懸命にレースをがんばってくれていました」

と佐原はいう。

「ふだんから彼の考えを聞いていると、〈それはあなた自身がしっかりと伝えたほうがいいんじゃないの〉と感じることがいくつもあったので、たとえばボードメンバーや当時副社長だった俊宏さんに対しても、彼の口から伝えてもらったことは何度もあります」

デニングは、ミーティングの席上でいままで同様に熱弁を振るった。

「ある意味では、私は会社に楯突いていたともいえるでしょうね。方針はあくまで休止で、それに対して反対をしていたわけですから。でも、彼らの考えこそ完璧に間違っている、と私は思っていた。そんなことをすると、ブランドイメージに傷がついてしまう。保身を狙ったわけではありませんよ。そんなものはどうだっていい。レース活動を止めてしまうのはスズキにとって絶対によくない。訴えたのはその一点でした。シニアマネージメントのなかには、私の意見に首肯してくれた人たちもいます」

もちろん、デニングや佐原の意見に与《くみ》しない者もいる。

「結論は持ち越しになりました。今後も検討を続ける、ということで先送りになったわけです」

このミーティングの後、ＭｏｔｏＧＰクラスの決勝レースが午後二時にスタートした。

三列目八番グリッドからスタートしたバウティスタは、六周目に三番手へ浮上し、表彰台圏内を争う好走を続けた。しかし、十四周目に差し掛かる手前のビクトリーコーナーで転倒し、そこでリタイアとなった。

決勝後、偶然に近い形でパドックのチームオフィスから出てきた佐原をうまく捕まえることができた。

「正直なところ、結論はまだ出ていないんですよ」

単刀直入に訊ねてもとくに迷惑そうな顔を見せず、佐原は交渉の進捗状況を包み隠すことなく述べた。

「来年に関する状況は、ぼくの満足度でいえば六〇パーセントから七〇パーセントくらいのところまで来たかな、という感触です。首脳の人たちはアルバロがピットから出てくると大勢のファンに囲まれる姿や、リズラスズキのシャツを着た人がたくさんいるのも目の当たりにしているので、これを宣伝に使わないテはない、ということをはっきりと理解してくれたようです。最終決定をする人が来ていないので結論は持ち帰ることになったけど、今日はポジティブな方向に進んでいるという手応えを感じましたよ。なんだかんだいっても、スズキはやっぱり大きい会社だから、決定には時間がかかるんですよ」

そういって苦笑したが、口調はけっして暗くない。ただ、ライダーの帰趨についで訊ねた際の回答には、微妙な含みも残っていた。

「我々としてはアルバロに残ってほしいけど、いまはチームがこんな状態だから、彼が（移籍を）決めてしまったら、それはしようがない。アルバロにも〈ずっと待っててね〉と、こちら側の勝手な要求もいえないし——」

二週間後のオーストラリアＧＰでは、土曜の予選を終えて二列目四番グリッドを獲得した。日曜の十月十六日は、午前のウォームアップ走行で、ヤマハのホルへ・ロレンソがセッション終了直前に最終コーナーの立ち上がりで挙動を乱し、転倒を喫した。その際に左手薬指を負傷し、決勝レースを欠場することになった。ロレンソ以降の選手たちは、全員がひとつずつグリッド位置が繰り上がり、バウティスタはフロントロー三番手になった。

レースはスタートでやや出遅れてポジションを下げてしまったものの、そこから少しずつ巻き返し、五番手を走行した。表彰台圏は離れてしまったが、今季ベストリザルトは確実に見えた。だが、残り三周となったところで、突然に雨が降りはじめた。その雨に大勢の選手が足もとをすくわれた。バウティスタもフロントを切れ込ませて転倒し、リタイアとなった。

翌週開催の第十七戦は、開幕前にプレシーズンテストを実施しているマレーシア・セパンでの開催だ。バイクの仕上がりも良く、バウティスタもウィークを通じて快調な手応えで走れていた。

決勝はいける――。

しかし、レースは二周目にマルコ・シモンチェッリが危険な転倒を喫したために、赤旗が提示されて中断となった。レースはその後、再開することなくキャンセルされ、シモンチェッリは搬送されたメディカルセンターで死亡が確認された。

8

二〇一一年シーズンは、さまざまなことが発生した一年だった。

三月の開幕直前に東日本大震災が発生し、その影響で当初は四月下旬の第三戦として予定されていた日本GPは九月末へ延期になった。この震災で出来《しゅったい》した原子力発電所の事故の影響で、選手たちが〈日本へ行きたくない〉と一致団結して拒否反応を示す騒動にも発展した。秋に差し掛かるころにようやく事態が収束し、日本GPが無事に開催されたと思ったら、今度はマレーシアGPの決勝レースで、将来を嘱望された人気選手のマルコ・シモンチェッリが死亡するアクシデントが発生した。そして、最終戦を終えて年末が近づいた十一月十八日に、スズキが活動休止を発表。

これほどいろんなことが立て続けに発生する年も珍しい。

MotoGPを運営するDORNAスポーツ社にとっても、この年はさまざまな意味で気の休まらない一年だっただろう。同社CEOのカルメロ・エスペレータに、このシーズンの印象を訊ねたことがある。

二〇一九年から数えれば、すでに八年も前の出来事である。サーキットの執務室で、エスペレータは指折り数えてこの当時を思い出しながら、穏やかに口を開いた。一九四六年生まれの彼は、七十歳を超えた現在も全戦に帯同し、現場から現場へ精力的に飛び回っている。

二〇一一年当時は、六十五歳。老齢というにはまだ若い年齢だが、それでも二週間ごとに世界じゅうのサーキットを転戦して回る活動が激務であったことは間違いない。しかも、上記のようなことが次々と発生したシーズンである。心労もかなりのものであっただろう。

だが、エスペレータ自身は当時を振り返って

「この年が特別に大変だったわけではありませんよ」

慎重に言葉を選びながらも、笑顔でそう話した。

「それぞれの出来事はそれぞれ独立して発生したことで、相互に関連があった事象ではないのですから」

スズキの活動規模縮小と休止に関しては、最初にその打診を受けたのが二〇一〇年だったように思う、と話した。

「不況の影響等により、ライダーひとり体制の運営にしたいと伝えられました。世界経済が厳しい時期だったので、話し合いを持ったうえで我々も彼らの事情を理解し、合意にいたりました」

結局、スズキ側はその翌年の十一月にこの年限りでの活動休止を発表したが、その発表文のなかでは二〇一四年からの活動再開を目指すということも同時に明記されていた。だが、この期日設定は発表の文言にあったようにあくまでも目標であり、ＤＯＲＮＡに対してなんらかの確約をしていたわけではなかったという。

「彼らは復帰を目指すといっていたわけだし、活動休止の主因は経済状況だったので、その段階ではなにか約束を取り交わしたわけではありません。我々としては、ＭｏｔｏＧＰは企業ブランドにとって最良のプロモーションのひとつだと考えているので、彼らが復帰してくるのであれば門戸を開放したい、と考えていました」

すでに述べたとおり、じっさいにスズキがＭｏｔｏＧＰへ復帰を果たしたのは、このときに予定をしていた二〇一四年からさらに一年後の二〇一五年シーズンになった。

9

三月に戦いの火蓋を切った長いシーズンの掉尾《ちょうび》を飾る最終戦は、毎年、スペインのバレンシア郊外にあるリカルド・トルモサーキットで開催される。

本来であれば、陽気な明るさの中に一抹の寂しさをたたえて閉幕を迎えるバレンシアＧＰだが、この年のレースウィークは、いまだ吹っ切ることのできない沈鬱な空気がパドックに漂っていた。

マレーシアＧＰ決勝中の事故で、人気者のマルコ・シモンチェッリが逝去したのはわずか二週間前のことだ。シーズン最後の一戦は、彼の追悼レースでもあった。

ライダーたちは、シモンチェッリのバイクナンバー58をデザインしたステッカーを自らのマシンに貼って走行した。彼と同郷のイタリア人で、今回限りで現役を退くロリス・カピロッシは、年若くしてこの世を去った友人への追善として、自らのバイクナンバーを長年使ってきた65から58に差し替えてレースに臨んだ。

そのカピロッシが前年まで所属していたリズラスズキMotoGPのアルバロ・バウティスタも、小排気量時代からずっとライバルであり続けた好敵手を悼むステッカーをマシンに貼付していた。

来季、バウティスタのチームがはたしてどうなるのか、ほとんどの者はその行方を把握していない。

「発表したのは最終戦が終わって数週間後だったけれども、会社として決定したのは決勝ウィーク中のレース前だったような気がする」

と佐原はいう。

こうなった場合に備えて、佐原はあらかじめ自らの人脈と伝手をたどってライダーとチームスタッフたちの移籍場所を探っていた。

皆が収まるところに収まるよう、手を打っておいてよかった。

胸をなで下ろすと同時に、
万策尽きた――。

そう思い、世話になったＨＲＣの中本修平を訪れ、事情を話した。

「ごめん、中本さん。いろいろやったけどダメだった。アルバロは、そっちでもらってくれる？」

いままでいろいろとありがとう。

佐原のそのことばを聞いた中本は、黙って二、三回ほどもうなずいただろうか。

アルバロで継続することはもうできない。あいつはもうウチのライダーではないんだな。

そう思うと、なんともやりきれない挫折感があった。

おれの力って、こんなものなのかな。

そんな無力感もおぼえた。

「技術的にオートバイの問題を解決できずにいい成績を出せなかった、という悔しさとはまた違う挫折感ですよ。でも、ああしておけばよかった、こうしておくべきだった、という後悔はいっさいない。

多くの人にも協力をしてもらいながら、それでも形として繋げることができなかった。たしかにそれは残念だけど、あのとき感じていたのは、我々に関わってくれたライダーやチームのスタッフたち、あるいはヤマハの中島さんやＨＲＣの中本さん。とくにポールは、最後まで付き合わせてしまった。皆に対して、

〈いままで協力してくださってありがとうございました〉という感謝の気持ち、ただそれだけです」

この時期の佐原は、チームを率いるプロジェクトリーダーの顔、レース活動の継続に向けて社内の根回しや折衝を行う企業中間管理職の顔、そして、チームスタッフやライダーの来季の居場所を交渉して回るパドックのネゴシエーターの顔、の三つを同時に使いわけて走り回り、三人分の仕事をしていたことになる。

「いま、同じことをやれといわれれば——、ムリかなあ」

そういって二〇一九年の佐原は笑う。

少し間を置いて、でも、と付け加えた。

「もしもいま、当時と同じ状況に放り込まれたとしたら、きっとまた、活動休止を阻止するために同じことをすると思うな」

日曜日の決勝レースで、バウティスタは二列目中央の五番グリッドという好位置からスタートした。しかし、レース開始直後の一周目に一コーナーで転倒。三名のライダーを巻き込むマルチクラッシュになった。

その瞬間はがっくりきて精も根も尽き果てた、と佐原はいう。そして、あまりにもいろんなことがありすぎた週末で、このときの細かいことは記憶が飛んでしまっている、とも述べた。

最終戦を終えたＭｏｔｏＧＰは、一日のクッションを挟んで火曜と水曜に各チームが翌年に向けた事後テストを行う。

リズラスズキＭｏｔｏＧＰを去ることになったバウティスタは、チームマネージャーであるポール・デニングを訪れた。

「日曜の深夜か、月曜だったと思います。アルバロが〈テストには参加できない、グレシーニに移籍することになった〉と伝えにきました」

事情を理解しているデニングは多くを聞かず、〈わかった、新しいチームでがんばれよ〉と送り出した。

そして、フランス人ライダーのランディ・ド・プニエに連絡を取った。

ド・プニエは二〇一一年シーズンにカピロッシのチームメイトとしてプラマックレーシングから参戦をしていたが、二〇一二年の帰趨はこの段階でまだ決定してなかった（後日、チームアスパルからＣＲＴという新たな枠組みでＭｏｔｏＧＰに参戦することが発表された）。

〈我々のバイクでテストに参加する気はないかい？〉というデニングの問いに、ド・プニエは〈もちろん、是非とも乗りたい〉とふたつ返事で快諾した。

火曜のテストでは、レプソルホンダの二台、そしてヤマハファクトリーに次ぐ四番手タイムを記録した。

開発ライダーの青木宣篤は、この日のテストは印象的だった、と語る。

「あのとき、ランディはアルバロの予選記録と遜色ないくらいのタイムを、ぽん、と出してきたんですよ。あれを見たときに、〈ああ、やはりこのバイクは悪くなかったんだな〉ということを再確認できたような気がする」

デニング以下、チームの全員が同様に感じた。

ここまで良く仕上がっているバイクなのだから、もうひとがんばりしてみよう。

デニングは、佐原とともに最後のあがきともいえる内部折衝を試みた。だが、社の既定路線変更はやはり叶わなかった。

このテストを終えてしばらくしたある日、デニングのもとに電話で通告があった。そして、十八日に活動休止が正式に発表された。

河内もまた、無力感のうちにこの通知を受け取った。

「最後の最後まで、公式な発表が出るまで活動できる余地をなんとか探ってみたけれども、結局、会社の決定は覆せずに公式発表を迎えてしまった、ということです」

大きな流れを堰き止めることは、誰にもできなかった

「活動終了のリリースが何月何日何時に出る、ということはあらかじめわかっていて、それまでに会社の決定を覆せなければレースはなくなってしまう。そういうことだったので、私たちの力及ばず、という結

末になりました。〈どうしてわかってもらえないんだ――〉とも思いましたが、その反面、いつまでもしょんぼりしていてもしようがないので次に向けて気持ちを切り替え、〈じゃあ、これからどうやって復活していこうか〉と考えはじめていた時期でもありました」

デニングは、いまでもときどき当時を思い返すことがあるという。

「ひょっとしたら自分は無理押しをしすぎたのではないか、と思うことがあるんですよ。でも、レースは全力でプッシュしなければならない。自分が正しいと思うことをしなければならない。私はスズキ株式会社の社員ではなく、あくまでも自分の会社がマネージメント契約を交わしている関係だったわけですが、長年にわたってスズキというブランドに大きな愛着を感じていたし、気持ちとしてはすっかりプロジェクト内部の人間になっていました。だから、レース活動の休止は絶対に間違っている、あのときの私はそう考えていました。復活を果たした現在の彼らは、新しいバイクでいい戦いをしているので、あながち休止が間違いだったとは、いまとなってはいえないのかもしれませんが」

同じようなことを、佐原もふと考えるときがある。

「あのままVでやっていればどうだったろう、と思うことはありますよ。でも、答えはいつも出ない。

二〇一一年に活動を休止する前のバイクはだいぶ仕上がっていて、いろんなことがわかってきた時期だったので、そこをベースにさらに進化を続けていれば、もしかしたらいまよりも高い性能や戦闘力のオートバイを持てていたかもしれない。そう思う一方で、どこかでそれもやはり限界がやって来たのかもしれなくて、新しく挑戦したインライン4にしたことで我々の持っていたVの限界を超えることができたのかもしれないな、とも思う。そこはもう、わかりません――」

断章　ニレの男

1

一九九九年シーズンはマレーシアのセパンサーキットからはじまった。

マレーシアGPは、一九九七年まで首都クアラルンプールに近いシャーアラムサーキットで行われていたが、九八年はシンガポールとの国境にあるジョホールバルで実施。そしてこの年から、WGPとF1を開催できる設備を持つこの新設サーキットが稼働した。

その開幕戦のメインイベント、500ccクラスの決勝で優勝したのが、スズキ移籍後初レースのケニー・ロバーツJr.だった。

二十五歳のロバーツJr.は、このとき最高峰クラス500ccで四年目のシーズンだった。前年まで父親のチーム、モデナスチームロバーツで戦っていたものの、めぼしい成績を残せず、一度も表彰台獲得経験がない。前年度のランキングは十三位。そのロバーツが、スズキ移籍後初レースで後続を一方的に引き離す圧倒的な勝利を飾った。

優勝後のインタビューでロバーツJr.は、まず、クルーチーフのウォーレン・ウィリングと、三年連続王者という偉業の持ち主である父親の〈キング〉ケニーに感謝のことばを述べた。さらにチーム監督ギャリー・テイラーの名前が続き、最後はこう締めくくった。

「そして、スズキのミスターシゲノヤ。どれほど感謝してもしたりないくらいだよ」

繁野谷忠臣——当時のスズキの二輪モータースポーツ活動をあらゆる意味で支えていた中心的存在だ。このとき、五十七歳。十九年をアメリカで過ごし、その間にケビン・シュワンツをスズキのライダーとして契約した慧眼の持ち主でもある。その他にも豊富な外国駐在経験を持つ繁野谷の思考回路は、スズキの伝統的企業風土からはかなり異なっている。

ロバーツJr.のスズキ初レースも、繁野谷は当然のように勝つつもりで臨んだ。

「マレーシアに、横断幕を作らせて持っていった。で、勝ったときに[We Won!]（勝ったぜ！）と書いてあるそれを掲げたわけ。そしたら、チームのメンバーも全然予想をしていなかったものだから、〈そんなのいつ用意したんだ——〉と驚いているんですよ。

なにごともそうなんだけど、僕はね、目標をいちど決めたら絶対にそこを目指していく。レースだから、そりゃあ、勝たないときだってありますよ。だからといって勝ったときに（勝利を派手に祝うものが）なにもなくて寂しい、なんてのはダメ。だから、あえて横断幕を作って持っていった。そうすると、ライダーだってチームだって、この人たちは本気で勝つ気なんだ、と思うよね。しかも第一戦だから、すごく効果がある。〈ホントに勝つつもりだったのか？〉とあとで訊かれたから、〈フロックなんかじゃねえ、勝つといったら勝つんだ〉って返事しましたけどね」

この話を聞いたのは、二〇一九年も押しつまった十二月末、静岡県磐田市の閑静な一角にある繁野谷邸の座敷だ。繁野谷の左側、床板のうえに置かれた大きな額のなかに、たくさんのスズキライダーたちの写真がコラージュ風に並んでいる。

その隣の額には、スズキのチームウェアを着た数人の男たちとライダーが笑顔で肩を並べているモノクロのポートレイト。いままさに話題になっているセパンのレースで優勝をしたロバーツJr.と監督のギャリー・テイラー、クルーチーフのウォーレン・ウィリング、日本側技術スタッフのリーダーとして全戦に帯同していた吉田志朗、そしてスズキの二輪レース部門、社内では〈ニレ〉と通称される集団を束ねていた繁野谷だ。

二十年前の写真である。その五十七歳当時の顔と比べると、まもなく七十八歳になろうとしている目の前の繁野谷は、髪はやや少なくなり、立ち居振る舞いの挙措も少しゆっくりとしている。だが、滑舌はなめらかで、眼光の鋭さも写真のなかのそれとなんら変わりがない。

その当時も社内でレース予算の資金繰りには苦労していたのではないか。そう訊ねると、カネなんてものはどっからでも出る、と笑った。

「そんなものはね、やりよう次第。勝たないものにカネを出すやつなんていません。そんなのあたりまえ。

勝たなかったらないよ。あるわけない。だからね、そんなときは隠れてやるんです」

繁野谷は、チャンピオンを獲得するつもりでライダーとチームを編成した、と話した。

「わたしもあと二年くらいしか（スズキに勤める）時間がない。だから、チーム監督だったギャリーにライダーを捜すように依頼したんです。〈予算は大丈夫か〉と聞いてくるんで〈そんなことはおまえの心配することっちゃない。捜せといったら捜せ〉といって捜させると、九八年に契約更改時期のライダーを見つけてきたんです」

その年にたまたま他社契約に縛られていなかったルカ・カダローラとうまく合意にいたり、オランダGPに参戦した。しかし、レースは派手な転倒に終わった。

「速く走ってくれたのはさすがだなと思ったけど、ライダーがクルマに絶対的な信頼をしないとダメじゃないですか。スズキにはそれがいちばん欠けている。そう痛感したんですよ。だから、優秀な技術屋がいる。ギャリーにそう話すと、ウォーレンを獲ってきてくれて、そして、ケニーJr.がうちに入ってくれた」

それまでは表彰台を一度も獲得したことのなかったロバーツJr.が、スズキに加入したとたん、九九年は四勝を挙げてタイトルを争い、ランキング二位。翌年はチャンピオンを獲得した。スズキとロバーツは、二年でいきなり強くなった。この突然の強さは当時、〈総合力〉というわかったようなわからないような漠然としたことばで説明されることが多かった。だが、彼らの強さには、そうなってしかるべき理由が充分にあった。

「ウォーレンをチーフエンジニアにして、〈ウォーレンのいうことは全部聞け〉という体制を作った。日本のスタッフには不満もいっぱいあったんだけどね、でもとにかくウォーレンのいうことは絶対だと思って従え、と。そのウォーレンを入れたことが、ケニーJr.には非常にいい方向に行きましたね。わたしが〈とにかくおまえが必要なものならなんでも用意する〉というと、ケニーも〈絶対にあんたをがっかりさせることはしない〉といってくれましたからね」

明確な意思決定の指示系統と強固な信頼関係を礎として、開幕前のテストでは徹底的に走り込んで準備を重ねた。この万全の体制が、自信と勝利につながっていった。

いまでいえば技術監督の地位にあった吉田志朗は、

「あのころは、ケニーの親父さんがすぐにうちのピットに来るんですよ」

と、当時を回顧して笑った。

「ウォーレンとケニーとジュニアの三人で、ああでもないこうでもないとずっとやってるんです。もちろんメカニックたちもすごくがんばってくれましたけれども、そういう三人の強固な信頼関係があったから、あの結果に結びついていったんでしょうね」

そしてこの時期にスズキ株式会社社長だった鈴木修はといえば、やはり当時も自社の二輪レース活動に対して厳しい見方をしていたのだという。

「やめろやめろ、だよ（笑）。レースなんてなんのプラスにもならんのだからやらんでもいい、と。二輪がなくたってスズキは全然困りもしない、四輪の足を引っ張るな、というんだけど、でもね、そういうのは口だけのときもあるんです。あの人が〈二輪なんかやめても痛くも痒くもない〉というのは、奮起させるための手段なんでしょうね。昔気質の喝を入れる方法というか、そうやって叩いても立ち上がってこい、という期待があるし、そういう人を修さんは好きなんですよ。だって、わたしなんて〈なにをいうか〉と、いつもすぐに立ち上がっていったからね」

そうはいうものの、相手は三兆七五〇〇億円を売り上げる世界屈指の自動車企業トップである。生半可な従業員なら、一喝されればただ萎縮してしまう場合も少なくないだろう。

繁野谷の場合は、〈修さん〉と呼称していることからもわかるとおり、長い企業人生活のなかで鈴木修とは、ある意味で親密な関係を築き上げることができる環境にあった。その環境に恵まれたのは、偶然や幸運などの他律的なものではなく、繁野谷自身の強固な意志と決断、行動力の結果だったように思える。

2

この章の冒頭に記したとおり、繁野谷は十九年間をアメリカ合衆国で過ごしている。げんみつにはべったりと十九年間にわたって駐在していたわけではなく、十年と九年というふたつの期間にわかれている。その間には、欧州やイランなどの赴任も経験した。

「最初にアメリカに行ったのは、二十四歳のとき。わたしは東京にいて、一介の補給部品の管理担当だったんだけど、たしか東京営業本部長の修さんがＵＳスズキの社長になったのだったかな。そのときに〈あ、ちょうどいい。キミ、オレと一緒にアメリカに行ってもらう〉ということで、いきなり渡米することになったわけです」

いまから五十年以上も前のことだ。三十六歳の鈴木修と二十四歳の繁野谷忠臣は、渡米後に同じ住まいで暮らしはじめた。一ドルが三百六十円の固定相場だったこの時代に、体感的にも当時の日本とアメリカの距離は、いまからは想像もできないほど大きく離れていた。異国の地でふたりの間に信頼感が醸成されるのは、当然のことだっただろう。

やがて鈴木修は日本へ帰国し、繁野谷は現地駐在を続けた。途中、欧州やイランへの駐在も挟みながら、ふたたびアメリカへ戻り、ＵＳスズキの二輪部門でＲ＆Ｄの統括に携わっていた。あるとき、営業グループが大きな在庫を抱えて四苦八苦する事態に陥った。〈いったいなにをやっとるだ。みな、帰国せよ〉という命令がくだり、現地の業務体制を縮小して多くの社員が日本に戻るなか、繁野谷も帰国準備を進めていると〈おまえは帰ってこんでええ。そっちの二輪の社長をやれ〉と鈴木修からの指示があり、繁野谷はアメリカ現地法人の二輪を束ねることになった。

赤字をなくして黒転化させよ、という至上命題を帯び、USスズキの二輪部門を切り盛りしていると、やがて業績は好転しはじめた。

「四輪は四輪で社長がいて、当時はジムニーをサムライという名前で出したのがものすごく伸びていった。四輪は大きい顔をして、わたしら二輪はすみっこで小さくなりながら、がんばらにゃあ、とやっていたら、硬く硬くビジネスをしていた効果が出てだんだん二輪が持ち直してよくなっていったんです」

そこに不測の事態が発生した。

サムライ（ジムニー）の転覆訴訟だ。

一九八八年に、重心の高いサムライは急旋回時に容易に横転する、というレポートが月刊誌に掲載されたことが原因となって、リコール請求と集団訴訟に発展した。スズキ側は記事は事実無根として訴訟を提起し、最終的にはスズキの勝訴に終わったが、この騒動の影響でサムライの販売は大きく落ち込んだ。

「そうしたら、経営者なんてそんなものだろうなと思ったけど、それまで〈二輪は四輪の足を引っ張るな〉といっていた修さんが〈とにかくおまえら四輪を助けろ〉と、要するに四輪の損失を二輪でカバーしろ、というんですよ」

当時を思い出しながら、苦笑気味に振り返る。四輪へ助け船を出すように鈴木修社長から指示されたというとおり、じっさいにこの時期の米国市場では繁野谷が率いる二輪販売は実績を好調に伸ばしていた。

「〈ヤマハを抜くぜ〉といって、そのうちに一部の市場ではホンダを抜けるかもしれないというところまで伸びていったんです。でも、そうすると二輪（部門の人員）が有頂天になるといけないから、そこを戒めて、〈二輪はそういうものじゃない、お客さんが愉しめるようにいろんなものをお返ししなきゃいけない〉ということで、ヨシムラさんのレース活動やモトクロスをサポートしていったわけ」

この時期の繁野谷が、スズキのライダーとして契約を締結した選手がケビン・シュワンツだ。

当時のシュワンツは、二十歳を過ぎて間もない年齢ながら、ヨシムラのライダーとしてすでにAMAで活躍をしていた。日本でも、鈴鹿八時間耐久ロードレースに参戦して表彰台を獲得し、スターダムにのし上がって人気が爆発してゆく、まさにその過程にあった時期だ。

「ケビンはもともとヨシムラの渡部さん（渡部末広：元YOSHIMURA R&D of America副社長）が契約をしていたんです。優れたライダーなんてもともとそんなにいるもんじゃないから、皆が目をつけるじゃないですか。そういう、市場に目を光らせるのがスズキはヘタなんだね。そこへいくと、ナベさんはスズキの人間なんかよりもよっぽどライダーを見分ける力がある。だけど、ナベさんには資金力がない。こっちは出そうとすればある。だから、

〈おいナベさん、スズキに契約をさせてくれんか〉

と頼むと、向こうも快く、

〈ああ、いいですよ〉

ということで、ケビンがスズキと契約できることになった。

ケビンも、アメリカで勝ちはじめていたからグランプリに行きたいわけですよ。だから、契約の時期になると、〈GPに行かせてくれ〉と要求してくる。本社にケビンをGPに行かせてやってくれんかと掛け合ってみたら、そんなことをいうのはいくらでもいるんだよ、といって取りあってくれない。わたしも短気なほうだから、〈本社がやってくれんでもUSスズキでやるわ！〉と啖呵を切って参戦した。アメリカ人のメカニックたちを連れて、スペインまで行きましたよ」

この一九八七年に、ヘロンスズキからスペインGPに参戦したシュワンツは五位に入賞した。

「なんだい、偉そうなことをいって。本社の契約ライダーなんてケビンの前を走れないじゃないか」

おおいに溜飲を下げた繁野谷たちは、さらにイタリア・モンツァとイギリス・ドニントンパークのレースにも参戦した。

「そしたら本社から人がきて〈ケビンをほしい。参戦させたい〉といってきたんです。ケビンに聞いてみたら〈GPに行きたい〉というので、じゃあがんばってチャンピオンを獲れ、と送り出したんです」

その結果、シュワンツは一九八八年からペプシスズキのライダーとしてフル参戦を果たし、数々の名勝負を繰り広げて一九九三年に悲願のチャンピオンを獲得する。

3

シュワンツをWGPの世界へ送り出した繁野谷は、USスズキで仕事を続けた。ところが、ある時期から頻繁に目眩に悩まされるようになった。ときに立っていられなくなるほどの症状で、日本へ一時帰国した際に、会社指定の労災病院で診察を受けた。

目眩だから耳鼻咽喉科だろう、ということで医師にかかると、どうやら三半規管が原因らしく、八日ばかり入院すると症状は軽快した。ところが、退院すると再発する。

「修さんが、〈もう一度診てもらえ、きみはいま大事な時期だから医療センターに行ってこい〉といって、うちのこういうのがそちらへ伺うので宜しく頼む、と電話をしてくれたわけです」

そして診察を受けると、脳に影が発見された。目眩の原因は三半規管ではなく、脳腫瘍だったのだ。

「で、手術をしたんだけど、頭に穴を開けるわけだから、〈きみはずっと日本にいなさい〉というと思うじゃない？　ところが、違うんだよねえ」

鈴木修社長は繁野谷に対して、アメリカ法人の社長として日本に滞在するように告げたのだという。アメリカ法人の成績を日本で報告を受け、アメリカに対して指示をする方法をしばらくは続けたが、

「そういうまだるっこしいやりかたはやってられないなと思ったから、後遺症で頭痛が出るんだけど、〈帰ります〉といってアメリカへ帰ったんですよ。そうすると、今度は船外機の事業までおかしくなってきて、そっちの面倒も見なきゃいけなくなった。そりゃ頭が痛くもなるわね（笑）」

その間にも、シュワンツはＷＧＰで活躍を続け、どんどん人気はうなぎのぼりになっていったが、チャンピオンは獲得できなかった。

「勝つのは勝つんだけど、競争相手と比較して安定した成績を残せないから、必ず優勝争いから下がってきてチャンピオンを獲れずに終わる。毎年、それの繰り返しです。

〈ケビンほどのライダーをもってしてチャンピオンを獲れないのはおかしいじゃないか。なにかが足りないんだ〉、と役員にでも誰にでもいってきた。こういっちゃ悪いけど、スズキという会社はヘタ、不器用なんです。わたしもそういう環境で育ってきたからヘタなんだけどね」

シュワンツが世界チャンピオンの座に就くのは、繁野谷が合計十九年におよぶアメリカ駐在生活を終えて帰国した一九九三年のことである。

「とにかくね、レースは勝つのがあたりまえ。やる以上は勝つのが当然なんです」

断固とした口調で繁野谷はいう。その口吻はあと数週間で七十八歳になると思えないほど矍鑠《かくしゃく》としている。

「チャンピオンシップだったらチャンピオンを獲るのがあたりまえ。それが鉄則なんだね。何を措《お》いても絶対にそれを獲りにいく、その気概がスズキには足りない。わたしがそういうとね、〈チャンピオンを獲る前にはやることがいっぱいある、いまはそれをやってるんだ〉なんていう。でも、そんなものは勝てないことの弁解だよ」

一九九三年に帰国した繁野谷は、二輪事業本部内の二輪企画部長に就任し、ライダー契約やレース活動予算を自分の管理下に収めることができる体制を敷いた。九七年には五十五歳で役職定年を迎えたが、二輪事業本部長に乞われて専任職の二輪企画部長を継続した。二輪レース部門、通称ニレを束ねるボスとして、繁野谷忠臣は余人をもって代えがたい人材であった、というわけだ。

その繁野谷ほどの人物でも、レース予算の獲得はいつも苦労の連続だった。

「レース予算って、何十億もかかるもので、そのなかには海外のレースもあれば日本のレースもある。すべてを盛り込んで二輪の売り上げ全体の何パーセントに匹敵するか、ということも考えながら作るわけです。最後は修さんが、自分で納得したり皆に説得されたりしてハンコを押すんだけど、あの人が問いかけているのは要するに、〈レースをすることが何の役に立つのか〉ということなんですよ。レースの連中が予算を増やしたいのなら、売り上げを増やす手段を考えてよこせ、と。これは当然の話です。営業はその予算を稼いでいかなきゃいけないわけだから、大変なことですよ。それを設計の連中が、〈これくらいお金がかかるんだ〉とやっていれば、そりゃあ修さんのところに行ったときには当然叱責されますよ。

社長のところに稟議を持っていくのは取締役なんだけど、〈売り上げが落ちるならレース予算を落とせ〉とかやってる。こっちは〈まただぜ――（笑）〉ってなもんだけど、そのたびに取締役が何度もわたしのところに、説明してくれ、といってくる。こっちはそのたびに駆り出されて〈取締役のクセにこんなこともわからんのか〉とやってるんだけど、最終的には修さんが〈売り上げを増やせ〉とハッパをかけるわけです。設計の連中に文句いったってコストが下がらんのは、修さんだってわかったうえでいってるところもあるから、じゃあ売り上げを増やせ、ということなんですよ」

繁野谷がスズキのレース活動を統括していたこの当時は、WGPだけではなく、全日本でもまだ盛んにファクトリー活動を行っていた時代である。目を配らなければならない範囲は広範に及ぶ。

「ケニーが入った年に、わたしはチャンピオンを獲らせようと思った。そして、開幕戦のマレーシアと第二戦のもてぎで勝ちました。次がいよいよヨーロッパの第一戦目なんだけど、その前の全日本で情けないレースをやってくれたわけ。ＧＳＸ－Ｒのエンジンが焼き付いたんですよ。〈おまえらいったいなにをやってるだ。４サイクルで焼き付くエンジンがどこにある。やり直せ〉担当者にそういったら、予算がないです、という。〈おまえらに金の心配をしろと誰がいった。いいからやり直せ〉

さいわい、次のレースまで時間があって、たしかＳＵＧＯ（スポーツランドＳＵＧＯ。宮城県にあるサーキット）だったかな。やり直させたものを見にいかないと無責任だから、当時のニレ（二輪レース部門）長をスペインのＷＧＰにやって、わたしが全日本にいった。そしたら、そのレースでは１―２を獲った。そらみろ、やればできるんだ、ってなものですよ」

しかし、好事魔多しの諺どおり、今度はスペインのヘレスでアクシデントが発生した。開幕二連勝を飾ってランキング首位でヨーロピアンラウンド緒戦に臨んだケニー・ロバーツJr.に、決勝レースでチームメイトの青木宣篤が後方から突っ込んでしまったのだ。ともに転倒し、青木はリタイア。ロバーツJr.は再スタートしたが、十三位で終わった。

「一戦目と二戦目に優勝したから、本社の取締役は皆テレビでレースを見ていたんだね。ところがそういう結果になったもんだから、〈どういう状況になっているのか報告するように〉といわれて本社へ行ったら、〈なんでキミが日本にいるんだ!!〉と、えらい剣幕なんだ。〈全日本もありますんで〉と説明すると〈全日本とGPとどっちが大事なんだ！〉と怒るから〈あんたにはわからん〉といったんだけど、勝っていたからあの人たちはもう有頂天だったんだよ。こんなもんなんだな、会社って、と思いましたね」

4

繁野谷は、レースで勝つ、と決めたら、そこに向かって一心に進み、その目標を達成するためにライダーや現場スタッフ、技術者たちがそれぞれの仕事に集中できる環境作りを身を挺して整えることも厭わなかった。しかし、予算取りと資金調達に苦労をするのは、やはり当時もいまと変わらなかったようだ。

「いまの人たちも一所懸命やっていると思いますよ。問題はその上なんですよ。上層部の全体的なサポートが必要なわけじゃないですか。開発といったって、試したものすべてがうまくいくなんて、そんな簡単なものじゃありませんよ。ある程度の試行錯誤をすれば、そこにかけたカネはなくなってしまう。でもそれが予算というもので、〈ここで失敗するから、そのぶんの予算を余分に作っておきましょう〉ということはありえない。ならばそのカネをどうするか、というのがレースの段取りとして重要になってくるわけです」

そして、その一方ではこうもいう。

「こういっちゃ悪いけどスズキは二輪全体では何千億と売り上げてるわけで、レースの予算はそのなかのごくごく一部なんだけど、修さんはいつも問うてくる、〈レースは何のためにあるんだ？　販促なのか、開発なのか、なんなんだ？〉って。

あの人は昔、伊藤光夫さんとＧＰに行ってるんだから、けっしてレースをわからん人じゃない。やめてしまえ、というのは額面どおりの意味でもないんですよ。叩いても叩いても立ち上がってくる人が好きだし、そういうのを期待している。なんでもすぐに、右向けといえばハイハイといってすぐに右を向いて、左へ行けといえばすぐに左に走っていくような人は信頼しない。ただし、会社ではそういう人も昇進させる。でも、わたしのようなのは役員にさせない。どういうふうにしておいても会社に貢献する、と思っているからでしょうね」


冬至を過ぎてまだ幾日も経たず、外海に面した遠州といえども日没は早い。繁野谷邸を訪れたのは夕刻前だったが、すでに数時間が経過し、外はとっぷりと暗い。

繁野谷の話は続く。

「あともうひとつ、どうしてレースをやっていかなければならないかとわたしが考える理由は、四輪なんです。

グランプリはヨーロッパのものでしょう？　ヨーロッパでスズキが勝てるようになったら、四輪の販売店がレース場へいっぱい来てくれるようになった。ものすごい勢いでスズキを応援してくれるようになったんです。そしてその結果、四輪の販売が増えた。いまは二輪の事業がどんどん下がっていて、日本だって需要はもうないよね。日本で二輪をやってたらバカじゃないかというくらいだけど、これはべつに日本だけじゃなくてどこだってそうなっている。ある意味、斜陽産業であることは間違いない。じゃあ二輪をやめて四輪だけにすればいいのか、というと、これはけっしてそうじゃない。四輪を売るためのこんなにいい道具を持っているんだ。二輪をうまく使って、四輪のシェアを増やしていかなきゃ。そのためにも二輪を続けなければいけない、というのがわたしの持論です。だからこそ、二輪の売り上げの何パーセントなんていうけちくさいことをいってるんじゃなくて、全体を視野に入れてしっかりやりなさい、ということ。レースをやめてしまえばいいなんてことでは、けっしてない。ただし、余分なところへカネを使うもんじゃないよ。と、そういうことなんですよ。

修さんはいちど、わたしにこういうことをいったよ、〈二輪なんてなくていいと思っていたけど、二輪があってよかったなあ〉って。いつごろだったかなあ。わたしがアメリカにいた最後の時期で、四輪がとにかく大変なときだったと思う――」

夜はさらに更け、辞去の前に、はたしていまのスズキには当時のあなたのような人物がいるだろうか、と最後に訊ねた。

「誰かが必要ですよ。ただし、潰されずに動ける環境を作らなければいけない。そのためには、社長（の理解と支援が重要）ですよね。だからこそ、チャンピオンを獲る、勝つことが大事なんです。これは絶対にそう。目標は勝つこと、そんなのはあたりまえなんだから」

そして、

「自分の人生を振り返ると、いろいろとよう使ってくれたと思ったよ。スズキはわたしを期待以上に使ってくれた――」

そういった後に、貢献できたのかどうかはわからんけどね、と照れたように笑った。

いまのスズキに、繁野谷忠臣の衣鉢を継ぐ好漢はいるだろうか。

第三章　生への帰還

ＭｏｔｏＧＰの参戦を休止したスズキは、二〇一二年度のレース部門を大幅に縮小した。もっとも人数が多かったころと比べると、開発スタッフの人員は約半数かそれに満たない程度に減少している。救いは、ＭｏｔｏＧＰの活動を取りやめたのは撤退ではなく、あくまでも休止にすぎない、というところだ。目標は、二〇一四年からの参戦復帰である。

じつはスズキは、過去にもグランプリの参戦活動を休止した過去がある。一九八三年はランディ・マモラがランキング三位を獲得したシーズンだったが、この年限りでチームは解散した。翌八四年からはＲＧΓをリースする格好でマシン提供は続いたが、ファクトリー活動は行わなかった。この状態は八七年まで続き、スズキファクトリーチームがグランプリの場に本格的に復帰を果たしたのは一九八八年、ケビン・シュワンツを擁するペプシスズキチームとしてのことだ。

ただし、この一九八四年から八七年までの四年間には、フランコ・ウンチーニやバリー・シーンといったチャンピオン経験者たちがスズキのマシンでフル参戦し、休止期間の後半にはシュワンツもスポット参戦で存在感を発揮していた。つまり、グランプリパドックやレースファンの間で、スズキのプレゼンスはけっして大きく低下したわけではなかった、といっていいだろう。

そのときと比較すれば、リズラスズキＭｏｔｏＧＰというチームがいなくなった二〇一二年のパドックには、スズキの存在感を偲ばせるものはもはやなにもない。

時代は８００ccから１０００ccへと移り変わり、各陣営は新たな技術規則のもとで新たなシーズンを走り出した。ホンダ、ヤマハ、ドゥカティはいずれも、年が明けて最初に行う二月のマレーシア・セパンテストから新時代の規則に準拠したマシンを入念にセットアップしていった。そして、彼らは恒例のナイトレースとして行われるシーズン開幕戦カタールＧＰに向けて、着々と準備を進めていった。

一方、スズキは数年後のレース活動再開に向けて、日本で準備作業にとりかかった。

昨年までレースを走ってきたＶ４エンジンのＧＳＶ‐Ｒは、もはやその役割を終えた。新たに仕切り直しとなった現在、これから開発作業に取り組むのはインライン４の１０００ccというエンジン型式だ。

この、エンジン型式がインライン４の１０００ccプロトタイプマシンに開発ライダーの青木宣篤が初めて乗ったのは、二〇一二年の春先、四月ごろのことだったという。

場所は、静岡県磐田市にあるスズキの竜洋テストコースだ。

ＭｏｔｏＧＰの活動休止を正式に発表してから、まだ五ヶ月にしかならない。新しいプロジェクトの初動としては、なかなか迅速といっていい。

「そのあとすぐに、ＳＵＧＯへ持っていって走ったのが、たしか五月か六月くらい。だから、わりと早い段階でインライン４の原型になるバイクはすでにあったんですよ」

とはいえ、乗ったときの感触はけっして充分なレベルに到達していなかった。

「ＧＳＸ‐Ｒ１０００のちょい改造版、くらいの印象でしたね。正直いって、そんなに速くなかった」

ＳＵＧＯで走ったこのモデルは、スクープ写真としてアメリカのバイク情報ウェブサイトに掲載され、欧州でも話題を集めた。この写真についてスズキ側は公式コメントを発表しなかったが、プロのフォトグラファーが撮影したと思われる鮮明さで、ブラックカーボンの外装とスイングアーム部分にはスポンサーのロゴも貼付されていた。ライダーは、ヘルメットのデザインからも青木宣篤であることが見て取れる。

日本でマシン開発に携わっていた河内も、このときのバイクがＧＳＸ‐Ｒ１０００をベースにした仕様であったことを認めている。

「いまとなっては記憶が定かではないんですが、１０００ccのＭｏｔｏＧＰマシンを作る実験をしたことがあるんですよ。その当時のスーパーバイク用ＧＳＸ‐Ｒ１０００からＳＢＫのレギュレーションを全部取っ払って、究極に軽量化してＭｏｔｏＧＰの重量まで近づけて走らせるとどうなるか、という実験です。フレームもいまとは全然違うし、エンジンも爆発タイミングをいろいろと試しているようなあくまで試作段階だから、けっして水準の高いモノではなかったように思います」

とはいえ、とりあえずＭｏｔｏＧＰ復帰に向けて社内プロジェクトをスタートすることはできた。佐原がプロジェクトリーダーであるところも、参戦当時と同じだ。しかし、ただでさえ少なかった人員は、昨年までの参戦当時からさらに削減されている。

社内で設計開発と実験作業を行い、組み上げたバイクを竜洋のコースで走行テストする、という日々を続けていた河内の心中には、

〈はたして本当に復帰できるんだろうか――〉

そんな不安がたびたびよぎった。

ＭｏｔｏＧＰ参戦は会社のために重要だと思えばこそ、昨年はぎりぎりまで継続に向けてあらゆる手を尽くしてきた。そんな皆の努力が結局は蟷螂《とうろう》の斧にすぎなかったのと同じように、いま自分たちが取り組んでいるこのインライン４開発も、遠からずなしくずしのような格好で陽の目を見ないまま終わってしまうのではないか。

前年暮れに活動休止を発表した際の広報資料には、二〇一四年の活動再開という文字がたしかに盛り込まれていた。だが、それはあくまで目標として掲げられた暫定的な数字にすぎず、その年に必ず復帰できる根拠もなければ確約もない。

いつ開発作業にストップがかけられても不思議ではない。

そんな焦燥感にも近い不安を抱えながら、しかし、できることはといえば、いまのこの開発を続けていくことしかなかった。


佐原も、活動再開に向けて動きはじめていた。

「確実に復活する、絶対に戻らなければいけない、と思っていました」

この当時の心境を、そう回顧する。

「前年までは、レースのことだけを考えるならV4を継続して進化させるほうが戦闘力も早く手に入るし、開発もしやすいだろうと思っていた。でも、復活するためにはエンジンをインライン4にして技術的にもイメージ的にも商品と直結させなきゃならない、という使命を負うことになった。レース開発だけに焦点を絞るなら、あえて新しい構造を選ぶのは茨の道ですよ。それでも、そのゼロから開発する道をわざわざ選んだのは、復活するためですもんね。量産車という商品とイメージと技術を直結させる、という条件でレースを復活させるために我々はそっちの道を選んだんです」

こうして、復活に必要なマシンは、インライン4でいちおうのスタートを切った。

次に必要なのは、チームを動かしていくための人員だ。

レースに復帰するためには、社内テストコースや国内サーキットで充分な試走と検証作業を行ったあと、日本国外のサーキットでもテスト走行を重ねる必要がある。つまり、レースの世界に通暁したマネージメントスタッフやメカニックたちを集めなければならない、ということだ。

佐原は、これまで培ってきた人脈を辿り、知己を通じて紹介された人々や自分自身の過去の知り合いにも声をかけていった。

昨年まで行動を共にしたポール・デニングは、二〇一二年から戦場をＳＢＫに移し、スズキのファクトリーチームを率いていた。ＳＢＫの世界からも人材を募るため、佐原はデニングに会いに欧州へ出かけた。ＳＢＫのパドックで、自分が頭に思い描いている新チームのプランに相応しい人材を探し、これはと思う人物には二〇一四年の復活に向けて再始動するスズキＭｏｔｏＧＰプロジェクトの説明をして回った。

その日も佐原はＳＢＫのパドックにいた。

と、携帯電話が鳴った。

日本からの電話だった。

電話の向こうの声は、佐原に量産車部門への異動を告げた。

「驚きももちろん多少はあったけれども、それよりも寂しい気持ちのほうがむしろ強かったかもしれない」

この報せを聞いたときの感情の揺れを、佐原はそんなふうに記憶している。

「それなりに長い期間、レースの現場でずっと仕事をしてきましたからね」

〈復活を目指して新しいチーム作りがせっかく動きはじめたところなのに、オレがいなくなったら誰がこの仕事をできるんだろう――〉

それが正直な心境だった。

「そんなものはただの思いあがりにすぎないんですけれども。でも、いまから量産車に戻っていったいなにをできるんだろう、とは思いました」

佐原の後任プロジェクトリーダーは、GSV-R時代からいっしょに仕事をしてきた寺田覚が引き継ぐことになった。

「主要な人にはすでに声をかけていたので、興味があると返答をしてくれていた候補の情報を渡し、誰にするかという判断を任せました」

佐原はその後、量産車グループへ異動し、GSX-RシリーズのフラッグシップモデルGSX-R1000/R（L7）の開発を担当、陣頭指揮を執る。与えられた任務を終えてレースの世界へふたたび戻ってくるのは、五年後の二〇一七年だ。

寺田は、バイクブームの洗礼を受けた学生時代にGSX250Eでスズキの魅力に取り憑かれ、入社を志した。研修期間が終わるとレースグループに配属され、以後はずっとレース畑を歩んできた。2ストローク500ccと250ccのエンジン実験を担当し、MotoGPの4ストローク時代になってもその黎明期から国内開発に関わってきた。レース現場にも、一九九一年を皮切りに年に数回の出張をしている。また、佐原がプロジェクトリーダーとしてリズラスズキMotoGPチームに帯同していたころ、寺田はレーサー設計チームのリーダーとして設計開発と実験をとりまとめる役割を果たしていたのは、前章でも述べたとおりだ。

プロジェクトリーダーを引き継いだ寺田は、技術監督の河内とともにスズキファクトリーチームを率いて二〇一五年シーズンにパドックへ復帰を果たす。

2

寺田のグランプリ経験は長い。だが、その業務は日本での研究開発や年に数度の出張が主であったために、さまざまなグランプリ関係者に広く顔を知られていたわけではない。欧州で、寺田の名前がスズキ以外の関係者に認知されるようになった最初のきっかけは、おそらく二〇一二年のブルノサーキットだろう。チェコGPの走行が始まった金曜日の午後、関係者や観戦客がひっきりになしに行き交うパドックで寺田と河内の姿を見かけたのは幸運な偶然だった。ふたりのいでたちは地味な単色のシャツ姿で、胸の部分に小さく企業ロゴが入っているのみだ。その目の前を通り過ぎていく欧州のテレビ局スタッフは、スポンサーロゴの入ったカラフルなチームウェアを着ているわけでもないこのふたりに気づく様子もない。

とはいえ、とくに他人の目を憚る雰囲気でもない彼らに声をかけてみたところ、

「レース見物ですよ」

と河内ははぐらかすような笑みを見せ、この週末は月曜の事後テストまで毎日現場へ来る予定だ、と話した。あいにく、このときはこちらに差し迫った別件の用事があったため、あらためて翌日の土曜午後に少し話を聞かせてほしい旨を告げると、寺田は、ああ、いいですよ、と気軽に数回うなずいてみせた。

土曜に、あらためて寺田と河内をパドックで捕まえた。いつも寄稿しているイタリアのバイク週刊誌でMotoGPを担当する友人の記者とふたりで話を聞いたはずなので、おそらく寺田たちとの会話は英語で交わしたのだろうか。

話を聞いたとはいっても、なにか驚くような話が出てきたわけではない。このときの自分の取材メモを見ると、

・二〇一四年に確実に復帰します、と発表できる段階ではないけれども、復帰を目指して開発を進めている。
・二〇一三年のワイルドカード参戦はありえない。
・ポール・デニングのチームで復帰するかどうかはまったく未定。
・（例の写真ではインライン4のように見える、と振ると）「そうみたいに見えますねえ」と寺田さん。
・河内さんによると開発の進捗状況は「何パーセントくらい、とも言いがたい。開発担当ライダーはノブ。まだお話できることは、本当にほとんどなにもないんですよ」と苦笑。
・BSやオーリンズに相談をしにきた、とのこと。
・来年からは日本国外でもテストをしたい意向だとか。

と記している。メモ内にある〈例の写真〉とは五月頃にスクープされた新型1000ccマシンを指している。また、ノブ、とは青木宣篤の愛称で、BSはワンメークで全車にタイヤを供給するブリヂストン、オーリンズはサスペンションメーカーのことだ。

ところで、河内が後年に明かした話とこのときの取材メモを比較してみると、ブルノでの質疑応答はじつは核心に近いところも訊ねていたのだな、ということがわかった。

「あのときは、じつはチームマネージャーを決めに、ダビデ（・ブリビオ）も含めて何人かの面接に行っていたんですよ」

というのが、河内たちがブルノを訪問した主な目的だったという。

「活動再開の確約があったわけはないんですが、あくまでも再開を前提としていろんなものを動かさせてもらっていました。不思議なことに、復帰に向けてチームの母体を決めたりマネージャーを選ぶことに関しては、会社からまだ待てとはいわれず、希望どおりに進めていくことができました。ただ、何年に復帰するというところは最後まで決定できなかったけど、それでもあくまで二〇一四年の復帰を大前提に進めていきました」

ダビデ・ブリビオは、翌月に新生スズキチームのチームマネージャーに内定する。

この当時、ブリビオはバレンティーノ・ロッシに関するロイヤリティやライセンスの権利処理を担当する個人マネージャーのような立場として、ドゥカティファクトリーチームに出入りをしていた。ドゥカティのライダー関係者からスズキのチームマネージャーへ立場が変わるのは大きな転身だが、ヤマハファクトリーで長年チームマネージャーを務めてきたブリビオにとって、ドゥカティへ出入りするようになったこと自体が、そもそも大きな転身ではあった。

ブリビオがレース界へ足を踏み込んだのは一九九〇年のことだ。

同郷のイタリア人ライダー、ファブリツィオ・ピロバノが所属するＳＢＫのヤマハ系チームでプレスオフィサーとして働き、スポンサー対応の業務などを担当するところからキャリアをスタートした。一九九二年からヤマハイタリアの指揮下でチーム運営に携わるようになり、日本のヤマハ発動機がＳＢＫへ本格参入する際にも、その立ち上げからチームマネージメントに関わった。永井康友と芳賀紀行は、このチームでブリビオとともに仕事をしている。

ブリビオがＳＢＫからＭｏｔｏＧＰへ戦いの場所を移したのも、ＳＢＫのスーパースターだった芳賀とともに５００ccクラスへ参戦することになったからだ。その後、二〇〇四年にバレンティーノ・ロッシがホンダからヤマハへ移籍する際には、受け入れ側として重要な役割を果たした。それ以降、ヤマハファクトリーチームのチームマネージャーとしてロッシや古沢政生と緊密な関係を築き、ヤマハ最強時代を確立した。

その後、ロッシは二〇一〇年末にヤマハを去ってドゥカティへ移籍した。ブリビオも同じくヤマハを去り、ドゥカティのチーム運営には関わらなかったものの、彼のマネージメントチームのスタッフとしてロッシとの良好な関係を継続してきた。

二〇一二年のブルノで、スズキのチームマネージャー候補として寺田や河内と面談をしていたとき、ロッシはすでに来季からヤマハへ復帰することを発表していた。

ドゥカティ時代のロッシは、生彩を欠いたレースが続いた。ヤマハへの復帰は二〇一二年に入って水面下での折衝が進み、サマーブレイクが明けた第十一戦インディアナポリスGPで、古巣へ戻ると公表した。

ただし、ブリビオの場合は一緒にもといた場所へ戻るわけにはいかなかった。ヤマハファクトリーチームには、自分が去った後のチームマネージャーがいる。もはや戻るべき場所はなかった。その意味では、スズキのマネージャー職という新天地は渡りに船だったといえるかもしれない。

だが、ブリビオによると、最初に接触をしてきたのは、スズキ側で、しかもまったく別の理由だったという。チームマネージャーに就任する際は、スズキからあなたへ打診があったのか、それともあなたからスズキへアプローチしたのか、と彼に訊ねたときのことだ。

ブリビオは、いつもの温厚な表情のまま、ふむ、とうなずいた。しゃべる内容を頭のなかで少し整理しているふうで、一拍置いて口を開き、そして、

「じつは、スズキがバレンティーノ・ロッシの状況を知りたくてわたしに接触をしてきたんだ」

と明かした。

「二〇一二年のバレンティーノは、ドゥカティファクトリーのライダーだった。スズキは〈MotoGPへの復帰を検討している。ついては、バレンティーノははたしてスズキへの移籍に興味があるのかどうかを知りたい〉ということで、わたしに接触をしてきた。スズキの意図はバレンティーノに伝えたけれども、

彼はどうやら新規プロジェクトにはあまり興味がなさそうだった。二〇一一年と二〇一二年はいい成績を残せていなかったので、ドゥカティから移ることをすでに検討していた。でも、戦闘力の低い状態から開発に携わる新規プロジェクトには気乗りしない様子だったんだ。バレンティーノの目標はあくまでもヤマハへの復帰。ということなので、わたしはスズキに対して〈申し訳ないけれども、あまり関心はないようだ〉と伝えたんだ。

そういう経緯があって、彼らとやりとりをしていくなかで、あるとき向こうからわたしに対して〈チームをオーガナイズすることに興味はないか〉と訊ねてきた。〈もちろん、非常に興味はありますよ〉、そう回答したものの、内心ではその申し出を受けるのは難しいかもしれない、とも思った。バレンティーノと仕事をするということは、そのスポーツのアイコン、頂点に君臨する選手といっしょに働くということで、非常に充実感があるんだ。バレンティーノとここまで良好な関係を築き上げ、やりがいのある仕事に恵まれて楽しく働いてきた。だから、彼と別の道を行くのは、わたしにとって非常に難しく辛い選択だったんだ――」

スズキがＭｏｔｏＧＰ復帰に際してロッシ獲得を狙っていた、というブリビオのことばについて、佐原にも確認を取ったところ、

「最初に声をかけたのはこちらからで、スズキとしてチームを立ち上げようとしてるんだよ、という話を

ダビデにしていました。バレンティーノは、当時はドゥカティで苦戦をしている時期だったから〈どうなっているんだよ、そのへんのところ〉というような話は、たしかにしたかもしれません」

と、その概要を認めた。

佐原とブリビオがそのように胸襟を開いた会話をしていたことには、理由がある。

かつてポール・デニングとの関係がそうだったように、佐原はブリビオとも、互いにSBKを戦っていたころからの知己だったのだ。

「一九九八年だったか九九年だったか、ぼくが担当していたアルスタースズキのスーパースポーツ（600cc バイクで争うSBKのサポートレース）チームに、ファブリツィオ・ピロバノがいたんですよ。ダビデはピロバノのところでレース人生をはじめているので、そんな関係で当時からお互いになんとなく見知っていたんですね」

新生スズキチームのチームマネージャー職に関しては
「チームを作るんだったら、おれにチームマネージャーをやらせる気はないか、というのは、ダビデから話があったんですよ。彼もヤマハで長くマネージャーをやってきたので、もういちどやりたかったんでしょうね。で、〈ああ、それならいいんじゃないの〉と候補のひとりになっていったように思います」

佐原とブリビオの両者がともに、ポジションへのオファーは相手側からのものだ、と話している点に若干の食い違いがあるが、これはおそらく、気の置けない友人同士のやりとりのなかでなんとなくそんな話題が出てきたことを、お互いが〈自分は請われた側なのだ〉と記憶している、ということなのかもしれない。

いずれにせよ、このときのブリビオはスズキと佐原の双方にとってあくまでも、〈そういえば有能な知り合いがいた〉というところから発展したチームマネージャー候補のひとりにすぎず、両名の間になにか密約めいたものがあったわけではない。

「彼が候補になるきっかけを作ったのはぼくだったけど、最終的には河内と寺田を中心に判断して決めていったんだと思います」

そう佐原が振り返るとおり、ブリビオは他のマネージャー候補者数名とともに、ブルノでスズキの面接を受けた。

候補者たちとの面談を終えた寺田と河内は、帰国後に社内での検討を経て、早々に決定をくだした。ブリビオに決めた理由について、河内は

「彼の話が、いちばん現実的だったんですよ」

そう説明した。

「チームを運営するにはこれだけのお金がかかる。これだけの人員が必要で、こうやって運営していく、という現実的な手法が非常にクリアでした」

それはそうだろう。ほんの二年前まで、ヤマハで世界最高のライダーが所属するファクトリーチームの運営を切り盛りしていたのだから、チーム運営の方法論や考えかたが誰よりも具体的で洗練されているのは当然だ。

二〇一二年末、バレンティーノ・ロッシがドゥカティを離れたのと同時にブリビオも彼のマネージメントチームから去り、年が明けた二〇一三年からはスズキの新生チームマネージャーとして活動をスタートすることになった。

4

ブリビオという船長を得て、新生スズキファクトリーチームは二〇一四年の船出を目指し、急ピッチで造船作業を進めていった。今後、復帰を目指して欧州のサーキットでテストを実施していくためのチームクルーや、皆が活動の拠点とするためのワークショップ、移動用のトレーラーやそこに積み込む工具やピットボックスの備品など、ブリビオがこれから用意しなければならないものごとは長いリストになった。

「ゼロからのスタートはとても刺激的だし、やりがいのあることだとわたしは思っているんだ。新しい冒険へ踏み出す第一歩には、おおいにモチベーションを感じる。だから、バレンティーノのところに行って〈申し訳ないけれども、彼らと仕事をしようと思う。このチャンスを活かしたいんだ〉と説明をした。バレンティーノの元を離れるのはとても寂しかったし、きっとバレンティーノもわたしが離れることを寂しく感じてくれたと思う。でも、それは本心からの決意だった。――とまあ、そんなふうにしてわたしのスズキでの活動がスタートしたんだ」

だが、ひとつ大きな問題があった。

彼らがやがて戻るべきＭｏｔｏＧＰの技術規則が、この時期はかつてないほど流動的で大きな変化を見せていたのだ。いわば、船を建造しても、それを接岸すべき港湾がいったいどんな係留施設であるのか、まったく予測を立てることができない、という状況だ。

二〇〇八年のリーマンショック以降、ＭｏｔｏＧＰの世界も不況の大きな煽りを受けてきた。その影響は参戦車輛台数にも顕著に現れた。４ストロークＭｏｔｏＧＰ時代の初年度、二〇〇二年は二十台のマシンがシーズンフル参戦を果たした。翌二〇〇三年は二十三台がエントリーしたが、以後は漸減傾向を示しはじめ、二〇一〇年には十七台へ減少。スズキが活動休止に至った二〇一一年も、参戦台数は前年同様の十七台だった。

ＭｏｔｏＧＰのルールでは、十五位以内で完走した選手にチャンピオンシップポイントが付与される。十七台の参戦だと、決勝レースで二台が転倒やトラブルなどでリタイアした場合、あとはどんなに戦闘力が低くても完走しさえすればポイントを獲得できる、ということになってしまう。

このような状態が続けば、ロードレースの世界最高峰を争うチャンピオンシップでポイントを獲得する、という行為に対する価値を毀損することにもなりかねない。しかも、競技として著しく興趣を欠く。

参戦数減少という課題を解決すべく、ＤＯＲＮＡは二〇一二年からＣＲＴ（Claiming Rule Teams：クレイミングルールチーム）という枠組みをＭｏｔｏＧＰクラス内に新設し、参戦するための敷居を低くする方策を採った。

ＭｏｔｏＧＰに参戦するチームは、メーカー直系のファクトリーチームとメーカーからファクトリーマシンをリース／購入して参戦するサテライトチーム（この当時は、第一章で言及したような〈独立チーム〉という用語はまだ普及していなかった）に大別される。ＣＲＴはそのいずれとも異なる参戦形態で、オリジナルフレームビルダーの製作した車体に量産車の改造エンジンを搭載したマシンで参戦するチームを指す。燃料タンクの容量や年間に使用できるエンジン基数もファクトリー勢より緩やかに設定し、技術的な要件や開発経費を抑える工夫をすることで門戸を開放して参入障壁を押し下げることを狙ったものだ。

ホンダやカワサキ、ＢＭＷのエンジンをＦＴＲやスッターの車体に搭載したマシン、あるいはＳＢＫに参戦するアプリリアの車輌にさらに改造を加えたもの等々が続々と登場し、ＣＲＴとして承認された。この枠組みを作ったことにより、二〇一二年のＭｏｔｏＧＰ参戦台数は、前年の十七台から二十一台へ増加した。さらに翌二〇一三年は、二十四台へと大きな伸びを示した。

参戦チームは増え、決勝レースのグリッドも見た目では百花繚乱のマシンが多種多様に並ぶことになった。その意味では、この制度の導入は一定の効果を見せたといえるのかもしれない。

だが、戦闘力の面では、ファクトリーマシンとＣＲＴバイクの間には埋めがたい大きな溝があった。一周あたりの計測で見ると、3〜6秒ほどのラップタイム差があった。6秒のタイム差ということは、たとえば一周に2分00秒かかるコースの場合、計算上は二十周で周回遅れになってしまう。

じっさいに、この制度が導入された後のＭｏｔｏＧＰクラスのレースでは、ＣＲＴ勢のバイクに乗る選手がファクトリーマシンを駆るライダーたちのトップ争いに肉迫するような場面は一度として見られなかった。いわば、ＣＲＴとファクトリー勢というふたつのカテゴリーがＭｏｔｏＧＰというひとつのクラスに混在しているような状況といっていいだろう。

このいかんともしがたい性能差を縮めることを目的として、二〇一四年からはＣＲＴに替えてオープンカテゴリーという規格が導入されることになった。

オープンカテゴリーのマシンは、ファクトリーと比べて各種の技術的要件が緩やかで、参入障壁を低く設定していることはＣＲＴ時代と同様だ。ＣＲＴとの大きな違いは、オープンカテゴリーの車輛では電子制御に共通ＥＣＵ《Electronic Control Unit》ソフトウェアを使用している、というところにある。

この年から、ＭｏｔｏＧＰでは参戦する全車がマニエッティ・マレリ社による共通ＥＣＵハードウェアを搭載することになった。ファクトリー資格で参戦する場合は、制御ソフトウェアは各メーカー独自に開発してきたインハウス製のものを使用できるが、オープンカテゴリー陣営はソフトウェアもマニエッティ・マレリ製による共通規格品を使用する。

このオープンカテゴリー用に、ホンダはファクトリーマシンのＲＣ２１３Ｖよりもやや性能の劣るＲＣＶ１０００Ｒという車輛を新たに製作して実戦に投入した。ヤマハの場合は、ファクトリースペックのＹＺＲ-Ｍ１に近い状態のバイクをオープンカテゴリーのチームに供給し、所属選手はそこに共通ＥＣＵソフトウェアを搭載したマシンで参戦した。

エンジンの出力特性やトラクションコントロール、エンジンブレーキのかかり具合などを制御するＥＣＵは、ＭｏｔｏＧＰに参戦するプロトタイプマシンを開発するうえでもっとも手間暇と費用がかかる分野のひとつといわれてきた。この部分を共通品として統一することは、各メーカーが巨費を投じる開発経費を抑制することにもなり、参入障壁を可能なかぎり低く抑えたいＤＯＲＮＡとしては、できればソフトウェアレベルまで統一したい、という狙いがあった。さらに、全員が共通規格品を使用することにより、競技レベルを平準化させることも視野に入っている。

一方、ファクトリーマシンを製作する参戦各メーカーにとっては、タイヤの共通化や、シーズン中のエンジン使用基数制限、アップデートの凍結など、技術開発面ではさまざまな手枷足枷を嵌められてきた。さらに今度は、自社エンジンの特性に合わせ込んできめの細かい制御と調整を行える独自ECUソフトウエアさえも自由に開発できなくなってしまうのであれば、自社技術を錬磨し、量産品へその技術をフィードバックする、というMotoGPに参戦する企業の意義はますます稀薄になってゆく。

そのような考えから、とくにホンダはECUソフトウエアの共通化に難色を示してきた。HRCの中本修平は、〈ECUソフトウエアの共通化は、たとえていえばウィンドウズ用に開発してきたプログラムをすべてアップル用としていちから書き換えるような作業が必要になるので、そこにかかる膨大な工数を考慮すると、経費削減というDORNAの目的とは全く正反対の負担を強いられることになる〉と主張して、真っ向から反対を唱えた。

だが、さまざまな駆け引きや議論を経て、最終的にある程度の妥協点に到達し、ECUソフトウエアの統一は全メーカーから支持を得ることになった。その結果、二〇一六年からMotoGPクラスの全車が共通ECUソフトウエアを使用することになり、現在もそのルールが運用されている。また、この二〇一六年からのECUソフト共通化をもって、オープンカテゴリーという概念は二〇一五年末で消滅し、プロトタイプマシンと量産車のハイブリッドのようなバイクたちもレースシーンから姿を消した。以上が、二〇一二年から二〇一五年のわずか四年間、徒花のように存在したCRTとオープンカテゴリーという区分を巡る目まぐるしいルール変転の概要だ。

この間に、ファクトリーマシンに対する技術的な取り決めも毎年、変化した。

CRT制度が導入された二〇一二年は、ファクトリーマシン勢は前年と同様のルール適用で、技術規則の面でもとくに大きな変更はなく、年間に使用できるエンジンは六基、燃料タンクの容量は二十一リットル、と定められていた。

二〇一三年には、年間で使用できるエンジンは一基減って五基になった。

CRTがオープンカテゴリーへと形式を変えた二〇一四年には、ファクトリーマシンのエンジン使用可能基数は五基で変わらなかったが、燃料タンクの容量が二十リットルへ縮小され、さらにシーズン中のエンジンアップデートを禁じて開幕時の仕様で凍結したまま一年間を戦うという新ルールが運用されるようになった。さらにこの年から、新規加入のメーカーに対しては他ファクトリーよりも各種条件を緩やかにして、いわゆる〈ゲタを履かせる〉対応をとろう、という考え方が導入されるようになった。この考えかたは、二〇一五年以降に〈コンセッション（特例措置）〉という文言を用いて、さらに明確にルールブックで定義されていくことになる。

二〇一五年は結果的にオープンカテゴリーの最終年になったシーズンだが、この年はファクトリー勢の許容車重が従来の１６０kgから１５８kgへ絞りこまれた。

ホンダやヤマハの技術者たちは、刻々と移り変わってゆくこれらのルール変更に関する情報をレース現場で入手することができる。

なぜなら、彼らはＭＳＭＡ（Motorcycle Sports Manufacturers Association：モーターサイクルスポーツ製造者協会）に所属しており、技術規則変更の妥当性はＭＳＭＡ内でまず協議を行い、そして各種ルール変更などの調整では、ＭＳＭＡ事務局担当者が、ＤＯＲＮＡやＦＩＭ（Fédération Internationale de Motocyclisme：国際モーターサイクリズム連盟）、ＩＲＴＡ（International Road Racing Teams Association：国際ロードレーシングチーム協会）等の関係機関の代表や代理人で構成されるグランプリコミッション《GPC》の会議に出席するからだ。

つまり、ＭｏｔｏＧＰに参戦する各メーカーは、ＭＳＭＡとしても会議を持ち、ＧＰＣで協議される情報も即座に情報を入手できる環境にある、というわけだ。

しかし、すでにレースに参戦しておらず、ＭｏｔｏＧＰの活動を休止しているスズキは、もはやＭＳＭＡやＧＰＣの部外者であり、ルール変更に関する議論に関しても蚊帳の外の存在だ。

目まぐるしく移り変わってゆく技術仕様の変更も、したがって、スズキにとっては対岸の火事のような

出来事であり、

「自分たちがなにをどれだけ知らないのか、ということすらわからない状態でした。だから、焦るようなことは逆にまったくありませんでしたね」

そういって、河内は笑う。

しかし、のんびりと構えてばかりもいられない。

自分たちが参戦を休止して以降、いまのMotoGPの技術規則やトレンドがいったいどんな状況になっているのか。それを知っておかなければ、復帰を目指す開発作業もままならない。その情報を入手するために、寺田と河内は二〇一三年の二月にマレーシア・セパンサーキットへプレシーズンテストの視察へ出かけた。

今回の視察に先だち、河内たちにはひとつ心強い材料があった。

開発を続けてきた1000ccインライン4のプロトタイプマシンの原型がある程度のレベルで固まってきたのだ。

年明け間もないある寒い日、竜洋テストコースでいつものように走行実験を行ったときのことだ。すでにXRH1という開発コードを割り振られているこの車輌をテストした青木宣篤がマシンから降りると、

「うん、これなら大丈夫でしょう」

そういった。

青木のことばを聞いた河内は〈このバイクをベースに開発を続けていけばなんとかなるのかな〉、そう思ってようやく少し胸をなで下ろすことができた。

セパンへ赴いた寺田と河内は、ピットレーンの前から他社のマシンやチームスタッフの動きをそれとなく観察し、コースサイドではライダーたちの走りをチェックした。

そして、マレーシア来訪の最大の目的であったMSMAのミーティングに、オブザーバーとして出席し、いまのMotoGPに関する技術的制度的枠組みの情報を収集した。

このテスト視察の際に寺田は、六月のカタルーニャGP事後テストに現在開発中のマシンで参加することを検討している、とはじめて明かした。実現すれば、二〇一一年末の活動休止以降、はじめてチームとして公的な場所に姿を現すことになる。

「復帰に向けて、着々と準備は進めていますよ」

寺田の口調は訥々としたものではあったが、それだけに話す内容は単なる希望的観測ではない確からしさが窺えた。

寺田は、カタルーニャを皮切りに四回程度の欧州テストを検討していると話し、その他の場所はレース後に各チームが合同事後テストを実施するイタリア・ミザノに加え、可能なら独自テストもその前後に組み込む方向で検討したい、とも述べた。

この段階で、前述したように新チームのマネージャーにはダビデ・ブリビオがすでに内定しており、耳の早い一部イタリアメディアがその情報を嗅ぎつけていた。だが、寺田は自らの口からそれに関することは明かさなかった。テストに参加するライダーについても、二〇一一年十一月のテストに参加したランディ・ド・プニエの名前が巷間で囁かれていたが、青木宣篤ともうひとり欧州人のライダーに走ってもらう予定、と話すのみにとどめた。

また、河内は、予定している四回の欧州テストについて
「二〇一三年の活動はすでに社内でも（予算が）承認されているので、やる方向です」

と述べ、六月のカタルーニャGP事後テストは間違いなく参加することを暗に示した。

ただし、肝心の参戦復帰に関しては
「二〇一四年の予算が承認されるのは先にならないとわからないので、それが決まるのはおそらく秋以降くらいになるのではないかと思います」

とも話し、微妙な留保のニュアンスも持たせている。この時期の河内たちが心中に抱えていた〈はたして本当にレースに復帰できるのか、という不安〉が、おそらくこのようなことばの形になって出たのだろう。

この二月上旬のセパンテストを訪問した寺田と河内は、目敏い一部のジャーナリストたちを除いて、大

半の欧州メディアの注意をひくことはなかった。彼らの目はひたすら、この年にレプソルホンダチームから最高峰クラスへデビューする十九歳の逸材、マルク・マルケスに注がれていた。

5

六月のカタルーニャ事後テストへ向かう前の五月、新生スズキＭｏｔｏＧＰチームは栃木県のツインリンクもてぎでテストを実施した。チームマネージャーのブリビオ、カタルーニャでテストを担当するライダーのド・プニエ、そしてこのチームでクルーチーフを担当することになったトム・オケインを日本に招き、現状での仕上がり具合を日本の開発チームとともに確認することが目的だ。

開発陣は、すでに前月もここツインリンクもてぎで、青木宣篤と津田拓也の日本人ライダーによるＸＲＨ１の実走テストを行っている。

日本の開発陣に、これからチームを転がしていくブリビオやオケインが合流して実施する今回のテストは、来たるべきレース復帰に向けて踏み出す最初の一歩だ。

五月晴れの好天に恵まれ、テストはきわめて順調に進んだ。

少なくとも、何らかのトラブルが発生するだろう。そう予測していたブリビオは、コース上を淡々と周回するド・プニエから視線をはずし、隣に立つオケインに目をやった。活動休止前のリズラ時代からスズキで仕事をしてきたオケインは、河内たち日本の開発陣とも付き合いが長い。それだけに、これからチームを運営していくブリビオにとっては、じつに頼りがいのある右腕だ。

〈なかなか、悪くないじゃないか〉

ブリビオがうなずいて見せると、オケインも彫りの深い顔立ちの奥にある目を細めてブリビオのうなずきに応えた。

オケインのクリップボードには、ド・プニエの記録したラップタイムが1分47秒03、と記されていた。ツインリンクもてぎのMotoGPマシン最速ラップタイム記録と比較すれば、約2秒落ちだ。今日はじめてド・プニエがこのマシンに乗ったことを考えれば、上々のタイムといってもいい。

「ダビデたちは、最初のテストだからエンジンがどんどん壊れてあたりまえ、くらいに考えていたようですが、このときのもてぎテストは、おそらく彼らが思っていた以上にスムーズに進みました」

ここで摑んだ手応えが、このマシンとチームで欧州初走行に向かうカタルーニャテストへのよい自信になった、と河内は振り返る。

しかし、好事魔多しとはよくいったもので、またしてもここでひとつ、予想外の――だが、ある意味では非常にスズキらしいともいえる――事態が勃発する。

カタルーニャGPは、シーズンのうちでもっとも熱い盛り上がりを見せる大会のひとつだ。会場のカタルーニャサーキットは、スペイン第二の都市バルセロナから車で三十分程度の距離にあり、電車やバスのアクセスもよい。毎年、六月中旬の開催として年間スケジュールに組み込まれ、二〇一三年のカレンダーでは決勝レースが六月十六日に設定されていた。

活動休止中のスズキが、このレース翌日の月曜に実施する公式事後テストへ参加することは、すでに以前から明らかになっていた。

多くのファンやメディアが新生スズキチームの登場を心待ちにしている。インライン4のエンジンレイアウトで新たに設計しなおしたというニューマシンで、彼らはいったいどれくらいのパフォーマンスを見せてくれるのか。皆の興味はその一点にあった。また、当時繁雑を極めていたMotoGPの技術規則のなかで、はたしてファクトリーかあるいはオープンカテゴリー勢の一員として戻ってくるのか、ということも関心を集めていた。

だが、このウィークはスズキに関する不穏な噂もパドックに流れていた。

活動を休止した際に表明していたとおり、二〇一四年のMotoGP復帰を目指して彼らは開発を続けてきたが、どうやらそれが一年先送りになるらしい。

そんな話がどこからともなく流れはじめた。決勝レースが行われた日曜には、二〇一五年からの復帰をどうやら月曜に発表するようだ、という情報が、まるで公然の事実のように語られていた。

日曜日の決勝レースは、この季節らしいカリッとした好天に恵まれた。気温は三十一℃、湿度二十九パーセント。日なたにいると肌が灼けるほどの暑さだが、日陰に入ると意外に涼しい。

明るく強い日射しの下で思いきりレースを堪能した九万一七三三人の大観衆は、午後三時にMotoGPクラスの決勝が終わると、水が引くような勢いでサーキットから姿を消していった。午後六時ごろになると、中小排気量のMoto2、Moto3クラスのチームが撤収作業を終え、トレーラーへ荷物を積み込み終わったチームから三々五々、サーキットを後にしてゆく。

午後八時になると、週末の間に繁忙を極めた豪奢なホスピタリティ施設も撤収を完了するか、建材を取り外してほとんど骨組みだけの姿になっている。

午後九時を回るころには、翌日にテストを実施するMotoGPクラスを除き、ほとんどのチームがすでにトレーラーをサーキットから運び出している。だだっ広いなかに数台の大型車輌が行き交うだけの光景は、つい数時間前までの喧噪の余韻がなおさら奇妙な寂寥感を漂わせている。この季節のスペインは、デイライトセイビングタイムを適用していてさえこんな時間でもまだ充分に明るい。

西の空がようやくオレンジ色に染まりはじめるころ、一台のトレーラーがパドックに入ってきた。

そのトレーラーは、パドックのピットビルディング前まで来ると、前方にヘッドを大きく振って切り返した。そして、ピットボックス裏出入り口に尻を合わせてびしっと居並ぶＭｏｔｏＧＰ各チームの車列の横に収まるよう、バックでゆっくりと下がってゆき、駐車した。

後部ドアには、以下のような文字を記した大きなステッカーが誇らしげに貼りこまれていた。

We are going to Barcelona "Circuit de Catalunya" for our MotoGP testing on June 17th

(バルセロナのカタルーニャサーキットへ六月十七日のＭｏｔｏＧＰテストに行くんだ)

一夜明けた月曜日も、朝から快晴に恵まれた。ＭｏｔｏＧＰクラスの選手たちが参加する事後テストは、午前十時にスタートする。ピットレーンには、開始を待つ多くのフォトグラファーやジャーナリストがたむろしていた。目当ては、もちろんスズキだ。

スズキのピットボックス前は、ポールの間にベルトを渡したパーティションで矩形に区切られている。走行開始時間から十五分ほどが過ぎ、赤茶けた鉄錆色のシャッターが開くと、フォトグラファーたちは砂糖に群がる蟻のようにわらわらと集まってきて、ガレージ前にはあっという間に人垣ができあがった。

なかからマシンを押して出てきたメカニックが、初めておおやけにお披露目するインライン４の

１０００ccバイク、開発コードＸＲＨ１を外に運び出してきてリアスタンドに固定して停めた。その状態で、数分間の暖機運転を開始する。

メカニックが手首をわずかにひねってスロットルを回す動作に応じて、大きな排気音が爆発する心臓音のようにリズムよく脈動する。

ガレージの奥には、すでにツナギを着込んだ青木宣篤が立っていた。コーポレートカラーに合わせて青と白を基調デザインにしたＲＳタイチ製レザースーツに身を包んだ青木は、ＳＵＺＵＫＩとアルファベットのロゴが入った胸の前で腕を組み、メカニックの作業を黙って見つめている。

暖機を終えたメカニックは、マシンをその場に置いたまま自分はピットボックスに戻っていった。ＸＲＨ１の置き撮りに配慮した無言のサービスだ。

フォトグラファーたちはマシンをさまざまな角度から撮影し、ピットボックスで佇む青木や、その隣でＴシャツ姿のまま青木やメカニックたちとことばを交わすド・プニエにもカメラを向ける。

数分後、メカニックが出てきてＸＲＨ１をガレージのなかに戻した。

走行準備が整うと、ふたりのメカニックに押されてマシンがふたたびピット前に出てきた。ひとりは左右のハンドルバーを支え、もうひとりはリアカウルに手を添えて、エンジンスターターにリアタイヤを乗せる。

やがてヘルメットを被った青木が出てきた。ガレージの前で軽く屈伸してから、マシンに跨がった。ブリビオと河内、オケインも奥から出てきて、左斜め後方から取り囲むようにその姿を見守っている。エンジンスターターのスイッチが入り、リアタイヤが回転した。青木が左手で握ったクラッチレバーを離して右手を少し煽ると、轟音が炸裂した。

ふたたび握り込んだクラッチレバーを青木はゆっくりとリリースし、後方を軽く確認してからピットロード出口へ向かう。

スズキのＭｏｔｏＧＰマシンは、二〇一一年十一月以来初めて、ヨーロッパのサーキットにコースインしていった。

それから一時間ほども経ったころ。

メディアセンターにブリビオが登場した。スズキのチームシャツ姿で各国メディアの面前に登場するのは、この日が初めてだ。少し面映ゆいような表情で、旧知のジャーナリストたちとなつかしそうに軽口をたたきあう。

ブリビオは、Ａ４サイズの印刷物をひと束ほど持っていた。ことばを交わすひとりひとりのジャーナリストに、手ずからその印刷物を渡して回る。その紙面には、以下のような文章が記されていた。

RETURN TO MOTOGP RACING

Team Suzuki Press Office - June 17.

Suzuki Motor Corporation will return to FIM Road Racing Grand Prix MotoGP in 2015.

After two years suspension since 2012, Suzuki Motor Corporation has organised its test team to undergo more practical running tests at its advanced development stage and will participate in the official joint testing to be held at the Catalunya circuit in Spain. Through continuing running tests at the circuits inside and outside Japan for further development and refinement, Suzuki Motor Corporation will participate again in MotoGP racing from 2015.

Suzuki Motor Corporation will feed back advanced technology to be derived through

MotoGP racing activity to develop further attractive production models.

The outline of testing team and racing machine to be developed are as follows:

Chief members of Europe testing team in 2013:

- Team manager: Davide Brivio

- Development rider: Randy De Puniet

MotoGP machine to be developed:

- 1000cc In-line four GP racer

Suzuki Motor Corporation

一方、欧州の発表時刻に合わせて、日本でも正式にこの情報が公開された（原文ママ）。

ロードレース世界選手権（ＭｏｔｏＧＰ）への復帰について

スズキ株式会社は、ＦＩＭ※ロードレース世界選手権（ＭｏｔｏＧＰ）に、２０１５年より復帰する。

※ＦＩＭ（国際モーターサイクリズム連盟）

スズキは２０１２年以降ＭｏｔｏＧＰの参戦を休止していたが、このほど、より実戦的なテストを行うためにテストチームを編成し、カタロニア（スペイン）で行われる合同テストに参加する。今後は、各国のサーキットで走行テストを行いながら技術開発と熟成を図り、２０１５年より参戦する計画である。

スズキは、ＭｏｔｏＧＰのレース活動を通して得られる技術を量産車開発に還元し、より魅力的な商品の開発を進めていく。レース車両の開発を行うチーム主要構成員と開発車両は以下の通り。

２０１３年の欧州テストチーム主要構成員
・チームマネージャー：ダビデ・ブリビオ
・開発ライダー：ランディー・ド・プニエ
開発車両
・１０００cc並列４気筒ＧＰレーサー

ブリビオは、旧知のジャーナリストたちにこの英文プレスリリースを配り歩きながら、午後二時からチームのピットボックス裏出入り口あたりで、プロジェクトリーダーの寺田覚が囲み取材に応じる旨を告げて回った。

ブリビオが告げた時間よりも少し早めにスズキのピット裏へおもむくと、いつもの面々がすでにそこで所在なげに時間を待っていた。イタリアの二大スポーツ新聞と人気バイク週刊誌のＭｏｔｏＧＰ担当記者たち。スペインのバイク週刊誌編集長と、そのライバル誌の副編集長。イギリスの週刊バイク新聞記者、フランスのバイク雑誌記者。レースウエブサイトを運営するイギリス人ジャーナリスト。モータースポーツニュースサイトで二輪レース部門を担当するイギリス人編集長。オーストラリアとイギリスのベテランフリージャーナリスト等々。総勢で十五人ほどもいただろうか。数人はトレーラーの車体にもたれてとりとめもない雑談を交わし、ある者は携帯電話の画面をチェックしている。またある者は、これからぶつける質問の準備をメモに書き留めている。

ピットボックスの出入り口から、青木宣篤が出てきた。おそらく見知っているのであろう顔ぶれの輪を興味深げに眺める青木に近寄っていくと、

「誰待ち？」

と逆に訊ねてきた。

「寺田さん」

と応えると、ああなるほど、とうなずき、

「なんで二〇一五年になったんだ、って訊く？」

と重ねて問うてきた。

「まあ、そりゃ訊くよな」

「それね、いっぱい質問しといて」

そういって悪戯っぽく微笑む青木に、彼自身はその情報をいつ知ったのかと訊ねてみた。

「オレもね、つい数日前だよ」

開発ライダーとして、外部の知人に、とくにメディアに対しては明かせることと明かせないことはもち

ろんあるだろう。だが、苦笑しながら話すその口調からは真実味も窺えた。パドックではすでにレースウィーク中から、耳の早い者の間では噂として流布していたことなどを話していると、

「オレもたぶん同じくらいだと思うよ、知ったタイミングは。――あ、来た」

目で示すほうを見ると、寺田がピット裏の出入り口から姿を現し、あっという間にジャーナリストたちが取り囲んだ。慌ててその輪のなかに入り、寺田との質疑応答に加わった。

この囲み取材で寺田は、共通ＥＣＵへの対応と燃費対策を、二〇一五年へ参戦を一年延期する最大の理由として挙げた。

この時期のＭｏｔｏＧＰの技術仕様が煩雑を極めていたのは、すでに説明したとおりだ。

スズキが参加したカタルーニャ事後テスト当時は、ＭｏｔｏＧＰクラスにはファクトリーマシンとＣＲＴバイクが混走していたが、翌二〇一四年からは全車にマネッティ・マレリ社製のＥＣＵハードウェア搭載が義務づけられることになっていた。ファクトリーマシン勢は自社独自のインハウス製ＥＣＵソフトウエアを継続して使用できるものの、二〇一五年からＣＲＴに替えてスタートする予定のオープンカテゴリーでは、ソフトウエアもマネッティ・マレリ社製のものを使用することになる。さらに、ファクトリー勢は燃料タンクの容量を現行より一リットル少ない二十リットルでレース距離約１２０㎞を走りきれるように、燃費をさらに高効率化させなくてはならない。

これら難易度の高い技術的要件をクリアして戦闘力の高いマシンを作り上げるには、研究開発にさらなる時間が必要であり、諸々の事情を勘案した結果、当初に予定していた二〇一四年ではなく参戦開始を二〇一五年に延期するのだ、と寺田は質疑応答のなかで説明をした。

しかし、じっさいのところは、活動を休止したときと同様に、おそらくは企業全体の財務的事情から膨大なＭｏｔｏＧＰ参戦予算の調達に苦慮した結果、経営陣の最終意思決定として参戦開始を一年先送りにした、というものが大筋の背景事情だったのではないかと類推される。

一年延期の報せが開発ライダーの青木にとって寝耳に水であったのと同様に、プロジェクトリーダーの寺田も、その決定を知らされたのは今回のテストに向けて渡欧する前だったと、この囲み取材の後に明かした。

「皆が二〇一四年復帰のつもりで進めていましたからね――」

そういって苦笑したが、

「現場スタッフの士気は高いですよ。二〇一五年の参戦は、リリースでそう発表しているのでもうこれ以上の延期はないと考えてもらっていいです。断固たる決意表明ですね」

とも述べた。

おそらくこの決定に至るまでのスズキ社内では、二〇一四年の復帰は妥当なのか、あるいは時期尚早なのか、という議論や調整がさかんに行われていたのだろう。

「二輪業界全体や社の二輪業績がまだ楽観できない厳しい状況のなかで、復帰に向けた準備を進めていくのはなかなかにハードルの高い作業でした」

後日に寺田はそう振り返っている。

寺田は、レース活動復帰を目指して社内の開発グループと欧州テストチームを率いていくプロジェクトリーダーだ。同時に、会社と協議を行い、その最終決定をスタッフとチームに伝えなければならない立場でもある。いわゆる、板挟みの状況だ。

「あくまでも我々は復帰を目指して開発を進める側だから、遅らせる決定をする立場ではありません。そのような協議を進めていって、延期するという会社の決定に至ったときは、どちらかというと受け身の話ですよね。決定後は、ただ〈延期します〉と外に向けて発表するだけだとネガティブなふうにも解釈されかねないので、どういう形の発表にしようかということを話しあっていきました」

このことばからも、当時の寺田の苦衷は充分に推察できる。

「会社との調整もあるし、ＤＯＲＮＡとの調整もある。テストチームもすでに動き出している。五月にはランディやダビデがもてぎに来て、走り出していましたからね。結局、スタッフに話をしたのはカタルーニャテストの直前だったと記憶しています。ダビデと相談して、テストに向けてワークショップに集合したときに、〈ひとまずこういうことになったけれども、二〇一五年の復帰に向けて開発を進めていくから、これから精力的にテストを続けていこう〉と皆の前で話をしました。この話を聞いていた皆はきっと、いろんな思いがあったでしょうね」

〈皆が二〇一四年復帰のつもりで進めていた〉と、寺田がカタルーニャサーキットのピットボックス裏で話したことばに嘘はない。それは、河内の次の回想からも裏付けられる。

「一三年にカタルーニャへ持っていった仕様は、いちから作ったバイクの割には、まあまあ走ったんじゃないかと感じていました。もちろんまだ戦えるレベルじゃないですよ。レースに出れば最下位かもしれない。けれども、そこそこ走れるだろうと思ってはいたんです。〈会社の都合で一五年になったけど、一四年から出ろといわれりゃあ出られるのになあ――〉と思っていたんですが、じっさいにはそこから戦えるレベルまで持っていくのは、思ったよりも時間がかかった。二〇一四年まるまる一年あっても足りないくらいだった、というのが、一四年を終わってみたときの感想でしたね」

マシンの戦闘力に関するインプレッションは、青木宣篤も同様だった。

「レースをできるレベルには、まだだいぶ遠かった。まず、エンジンパワーが圧倒的に足りなかったし、車体もVのころよりはよくなってきたとはいえ、細かく詰めていかなきゃならないところがいっぱいあった。だから、一年先送りと聞いたときはガックリきたけど、これで開発にじっくり時間を取れるな、とも思いました」

ある意味ではネガティブな情報とも解釈されかねないこの一年延期発表は、だが、レース活動再開を目指してきたメンバーにとって、ポジティブで大きな意義も内包していた。

それは、二〇一五年の復帰という刻限をスズキ株式会社として明言したことだった。

河内はいう。

「いつ復帰するのか、本当に復帰できるのかどうかわからない状態をいつまでも続けているよりも、たとえ一年延期でも二〇一五年に絶対復帰する、と会社が決定したことは大きな前進でした。それまでは〈二〇一四年の復帰を目指す〉ということだったので、確定をできていなかった。ずっと先が見えないなかで不安を抱えながら開発を続けてきたので、（復帰の時期を）正式に確定できたことはすごく大きかったですね」

この日、青木がマシンの状態を確認した後にコースインし、精力的にテスト走行を実施したランディ・ド・プニエは、参加十九選手中八番手のタイムを記録した。トップとのタイム差は0・772秒だった。

カタルーニャテストを終えたスズキMotoGPチームは、バルセロナから内陸部に三時間ほど走った場所にあるモーターランドアラゴンへ向かった。そこで、ホンダやヤマハとともに二日間のプライベートテストを実施した。

彼らはその後、九月になると第十三戦サンマリノGP翌日にイタリアのミザノワールドサーキット・マルコ・シモンチェッリを訪れ、ふたたびMotoGPにフル参戦する各チームの事後テストに合流した。さらに二日間居残って計三日間のテストを行った後は、トスカーナ地方のムジェロサーキットで二日間のプライベートテストを実施し、この年に予定している欧州テストのスケジュールを締めくくった。

6

スズキのインライン4エンジン1000ccMotoGPマシンには、XRHという開発コードが割り振られている。これは、二〇〇二年から二〇〇六年までのV型990ccエンジンのGSV-RにXRE、二〇〇七年から二〇一一年の800cc時代にはXRG、という「XR+アルファベット順の文字列」というナンバリングを受け継いだ格好だ。EとGの間にFがないのは、この文字をスーパーバイクマシンの開発コードにすでに割り振っていたためだという。

XRHも、XREやXRGと同様に末尾に数字を割り当ててシーズンを識別し、年を経るとその番号が増えてゆく。二〇一二年に試作した最初期のプロトタイプがＸＲＨ０。二〇一三年に欧州テストを実施したものはＸＲＨ１。そして、二〇一四年シーズン用のＸＲＨ２は、毎年恒例の二月のセパンプレシーズンテストから投入された。

　二〇一三年仕様のＸＲＨ１は、二十一リットルの燃料タンクで、電子制御《ECU》はハードウェアが従来どおり三菱電機製品、ソフトウェアは社内製作のスズキ製だったが、二〇一四年のＸＲＨ２は、このシーズンの技術規則に応じて燃料タンクが二十リットルで開発を進め、ＥＣＵはソフトウェアが内製だがハードウェアはマネッティ・マレリの共通スペックを使用している。

　すでに前年のうちに欧州のサーキットで何度も走行している前年型と比較しても、二〇一四年型の仕様に外見面でとくに目を引くような大きな変化はなかった。ライダーも引き続き日本人開発ライダーの青木宣篤とフランス人テストライダーのランディ・ド・プニエという顔ぶれで、物珍しさはない。八ヶ月前のカタルーニャサーキットとは違って、セパンサーキットでのスズキはことさらメディアの大きな耳目を集めるようなこともなく、寺田とブリビオ、河内以下のチームスタッフはこなすべきメニュー項目を淡々と消化していった。

　三日間行われたこのテストでド・プニエは、参加二十七選手中十七番手のタイムを記録した。前年度チャンピオン、マルク・マルケスの最速ラップからは２・９５３秒落ち。翌年の参戦復活に向けて準備を続けるテストチームとしては、可もなく不可もなく、といったところだろうか。

テストを終えて寺田は、

「みなさん速いですね。ラップタイム的にはもうちょっと行きたかった気もするけれど、オープンクラスもけっこう速いですよね」

そう感心した様子で話したが、口調からはとくに焦りのようなものは感じられなかった。そして、二〇一四年の活動予定として、

「我々が活動を休止している間にカレンダーに組み込まれた場所でもテストはやっておきたい。レースになって初めて走る、という状況はさすがにまずいでしょうからね」

とも話した。具体的には、アメリカのサーキット・オブ・ジ・アメリカズ《COTA》や、南米アルゼンチンのテルマス・デ・リオ・オンドサーキットなどの会場を指している。そのことばどおりに、寺田たちは後日、COTAでは四月に、アルゼンチンでは四月末から五月初頭にそれぞれテストを実施した。

また、寺田と河内は、シーズン中のワイルドカード参戦についても、予定はあくまで未定だが、状況を見ながら可能であれば一、二回程度やってみたい、とも明かした。このワイルドカード参戦は、シーズン最終戦のバレンシアGPで実現する。

約三週間後の二月末に行われた二回目のセパンテストでは、ド・プニエはトップから1・431秒差の

十二番手だった。前回のテストでややてこずっていたマネッティ・マレリ社製ＥＣＵハードウェアに内製ソフトウェアを移植する作業に進歩があり、ベストタイムも、前回のセパンテスト一回目から1・056秒短縮した。一年後の復帰に向け、ゆっくりとではあるが着実に前進していることを感じさせた。

この二〇一四年シーズンは、多くの有力ライダーが契約更改を迎える節目の年にあたっていた。来年も同じチームで継続するのか、それとも環境を変えるために移籍して新たな挑戦を開始するのか。水面下ではさまざまな駆け引きや交渉が行われ、メディアも、とくにウェブサイト系のニュースがロードレースファンの関心を集めるために真偽の入り乱れた玉石混淆の情報を次から次へと更新する。

しかし、この年はホンダとヤマハの両ファクトリーチームはともに、ふたりの所属ライダーの残留がシーズン序盤から明らかな状況で、皆の関心はドゥカティ陣営とその他のサテライトチームやオープンカテゴリー勢などに移っていた。いくつかの不確定要素もあるなかで移籍状況は混沌としていたが、その理由のひとつは、二〇一五年からスズキが復帰する、という新たな攪乱項だった。二名分のシートが新たにできあがるのだ。

さまざまな名前が取り沙汰された。ドゥカティのファクトリーライダー、アンドレア・ドヴィツィオーゾやカル・クラッチローの名前も浮上した。だが、ライダーにとっても、スズキの側にとっても、大きな問題がひとつあった。それは、チームとマシンの戦闘力のレベルがまったく未知数である、ということだ。

強いチームと強いライダーの関係は、鶏と卵のジレンマに似ている、とダビデ・ブリビオはいう。

「トップライダーを惹きつけようと思うと、いいバイクが要る。しかし、いいバイクを作ろうと思うと、トップライダーが要る。優れたライダーでなければバイクの高いポテンシャルを発揮できない。バイクの高いポテンシャルを発揮しようと思うのならば、ライダーも技術面でも高い水準でなければならない。だから、最強のチームになるためには最強のライダーを獲得しなければならないんだ」

じっさいに、ブリビオはヤマハ時代の二〇〇三年にこの難事を成し遂げている。

MotoGP黎明期のこの当時、バレンティーノ・ロッシを擁するホンダは最強を誇り、ヤマハは彼らの前に苦杯を舐め続けてきた。

二〇〇〇年に二十一歳で五〇〇ccクラスへ昇格したロッシは、いきなりスズキのケニー・ロバーツJr.とチャンピオン争いを繰り広げてランキング二位。2ストローク最終年の翌二〇〇一年は、十六戦中十一勝を挙げて最高峰昇格二年目で王座を獲得した。4ストローク初年の翌二〇〇二年も圧勝を続けてタイトルを連覇し、二〇〇三年もチャンピオン街道を驀進していた。

ホンダのエースとして君臨しているロッシを獲得しない限り、ヤマハは勝てない。

そう主張したブリビオは、ロッシとホンダの間に兆していた不協和音も巧みに利用しながら引き抜きに成功し、一九九二年のウェイン・レイニー以来チャンピオンから遠ざかり続けていたチームを最強軍団へ甦らせた。

十年以上も昔のこととはいえ、そんな経験をしているだけに、今回のスズキの活動再開に際しても、

「可能なかぎりいいライダーを獲得しなければならない」

そう主張するのは、彼の思考法に鑑みれば当然のことだった。

しかし、二〇一五年シーズンに復活する際のライダー選定に際しては、当時最強と謳われていた四名、マルク・マルケスとダニ・ペドロサはホンダに、バレンティーノ・ロッシとホルへ・ロレンソはヤマハへ残留することが確実だった。

そこで、ブリビオは思考法を少し変えてみることにした。

すでに完成している最強ライダーを獲得できないのなら、自分たちの手で最強ライダーを作ればよい。

つまり、将来性が高く才能に充ちた若いライダーを獲得し、スズキでチャンピオンに育てあげるのだ。

そこで目をつけたのが、前年に最小排気量のＭｏｔｏ３でチャンピオンを獲得し、二〇一四年からＭｏｔｏ２クラスに昇格してきた十九歳のマーヴェリック・ヴィニャーレスだ。逸材としてパドックの評価はすでに高く、次代を担うスター選手へ成長することはこの当時でもすでに明らかだった。

ヴィニャーレスのチームメイトには、アレイシ・エスパルガロが候補にあがった。二十代半ばのエスパ

ルガロは、MotoGPの経験も豊富で、二〇一二年と一三年は非力なCRT勢ながら気魄のこもった走りでトップテンフィニッシュを何度も達成している。

どのライダーで復帰を果たすかによって、ことの成否は大きくわかれる。

ブリビオと寺田、河内、そして彼らの上司も含めて契約候補選手を慎重に見極めながら協議を進めた結果、両選手との交渉も順調に進んでいった。

「ライダーのチョイスやマシン開発では、攻めの姿勢で臨むことがたいせつだ」

そうブリビオはいう。

「とはいえ、リソースを考えれば口でいうほど簡単にいく話ではない。わたしたちは潤沢な予算があるわけではなく、人員が豊富なわけでもないからね。だから、そのぶんも頭を使わなければならないし、クリエイティブでなければならない。つまり、柔軟で新しい発想をしなければならない、ということなんだ」

ヴィニャーレスとエスパルガロの両選手を二〇一五年に復帰する際のファクトリーライダーとして選択したスズキMotoGPチームのマネージメントスタッフたちは、慧眼だったといえるだろう。二〇一四年のヴィニャーレスは、Moto2クラス二戦目ながら、シーズン第二戦のアメリカズGPで優勝。その後も三回の優勝を含む八戦で表彰台に登壇し、ランキング三位でシーズンを終えている。翌年の最高クラスへ昇格に際して、誰にも文句のつけようがない成績だ。

エスパルガロも、二〇一四年シーズンは活躍した。ファクトリー勢よりも戦闘力に劣るオープンカテゴリーのマシンにもかかわらず、開幕戦のカタールGPでいきなり四位に入賞し、その後もコンスタントにトップテン圏内でのフィニッシュが続いた。シーズン後半の第十四戦アラゴンGPでは、二位に入る快挙も達成している。この年は、自己ベストのランキング七位で一年を締めくくった。

ともにスペイン出身の両選手がスズキの契約ライダーとなることを最初に嗅ぎつけたのは、やはりスペインのメディアだった。人気バイク週刊誌が七月にこのニュースを報じた際のパドック関係者や世間の反応は、驚きというよりもむしろ納得や首肯という雰囲気が大勢を占めていた。

正式発表は、九月三十日のドイツのインターモトで行われた。

インターモトはケルンショーとも呼ばれ、イタリアで開催されるミラノショーことＥＩＣＭＡ(Esposizione Internazionale Ciclo Motociclo e Accessori：自動二輪車および関連用品の国際展示会)と双璧をなす、オートバイ関連では世界最大の国際展示会だ。ＥＩＣＭＡが毎年開催されるのに対してインターモトは二年に一回の開催という点が異なるものの、ともに二輪業界ではもっとも大きな注目を集める重要なイベントだ。とくにインターモトは、一九八〇年にＫＡＴＡＮＡのプロトタイプを発表した場でもあるだけに、スズキにとっては縁の深いショーともいえるだろう。

この会場のスズキブースで、午後一時にプレスカンファレンスが始まった。各国から集まった取材陣を前に鈴木俊宏がステージ左側の壇上に立ち、二〇一五年からＭｏｔｏＧＰに復帰することを正式に発表した。続いてスーツ姿のブリビオが、エスパルガロとヴィニャーレスがチームのライダーとなること、ここまで開発を続けてきたインライン４の１０００ccマシンの正式名称がＧＳＸ‐ＲＲであること、そして、シーズン最終戦の第十八戦バレンシアＧＰにテストライダーのランディ・ド・プニエがワイルドカード参戦することを発表した。

ブリビオは眼前に居並ぶ各国取材陣を前に、ステージ上の演壇でスピーチを続けている。ステージ下の袖、ブリビオから見て右側後方の少し離れたところには、スズキ関係者の一団が一列に並んでいた。そのなかには、二〇一二年に人事異動でレースグループから離れ、現在は量産車部門で大型スポーツバイクの開発業務に携わる佐原伸一の姿があった。

7

二〇一四年第十八戦バレンシアＧＰは、十一月七日の午前に走行が始まった。

金曜は午前と午後に各四十五分のフリープラクティス《ＦＰ》セッションが行われる。この日は好天の一日で、午後は上着を脱いでＴシャツ姿で過ごせるくらいまで気温が上昇した。

二〇一一年の最終戦以来、久々にレースへ復帰するスズキには大きな注目が集まっていた。彼らが最後にＭｏｔｏＧＰを走ったのは、三年前のここリカルド・トルモサーキットだった。当初の予定よりも一年遅くなってしまったが、それでもふたたび戻ってきた。

世界じゅうにライブ映像を配信する国際映像は、午前のＦＰ１が始まる際に、この年のチャンピオンを獲得したマルク・マルケスとスーパースターのバレンティーノ・ロッシのピットボックス風景に次いで、走行準備を進めるランディ・ド・プニエとセッション開始を待つ二台のＧＳＸ‐ＲＲを映し出した。

このセッションで、ド・プニエはトップタイムのマルケスから２・０４９秒差の十六番手タイムを記録した。

午後のＦＰ２も、ド・プニエとチームスタッフは午前に引き続きマシンのセットアップ作業を続けた。ライダーからのフィードバックや走行時の挙動データをもとに、ＧＳＸ‐ＲＲがコース特性に合わせてベストのパフォーマンスを発揮できるように、前後サスペンションのバランスや電子制御のセットアップなどを少しずつ煮詰めていく。

そのＦＰが残り五分を切ったところで、ド・プニエのマシンがコース上でいきなり白煙を噴いた。エンジントラブルだ。ド・プニエは二コーナーのコースサイドにＧＳＸ‐ＲＲを停め、コースマーシャルのスクーターでピットへ戻った。

FP1とFP2を総合した初日の順位は、二十五選手中十九番手。トップのマルケスとのタイム差は1・503秒だった。マルケスは午前のタイムを更新していなかったため、FP2のセッションのみに限っていえばド・プニエは十八番手でトップとの差が1・345秒、という内容だった。

セッションを終えたスズキのピットボックスへ向かうと、ちょうど出入り口から寺田が出てきた。右の掌で顔を覆って視線を避けるような仕草でおどけてみせるのは、ばつの悪さをごまかすためだろうか。この日一日の走行について訊ねると、最後にエンジンが壊れちゃいましたけどね、と苦笑し、

「トップとの1・3秒差は、まあ、だいたい予想していたくらいのギャップでした」

と述べた。

「今回は具体的な数字の目標を設定しているわけではないけれども、今日のランディは十八番で、1・3秒のなかに十八人の選手がひしめいているのだから、厳しいですね」

ド・プニエよりも下位の選手たちは、オープンカテゴリー勢のライダーばかりだった。

翌日の土曜日は、午前にまず四十五分のFP3を行う。午後には非計時のFP4を三十分行った後、FP1からFP3のベストタイム順で二組に分けた予選《Qualifying》Q1とQ2が各十五分間行われる。遅いほうのグループがQ1、その後、速いほうの選手たちがQ2を行って、日曜の決勝レースに向けたグリッド順を決

定する。

　ド・プニエはQ1を走行し、セッション十番手。総合では二十番手タイムで、日曜の決勝は七列目中央の二十番グリッドからスタートすることになった。

　問題は、FP4でまたしてもエンジンにトラブルが生じたことだった。金曜のFP2でもすでにエンジンが一基故障している。ルール上、ワイルドカードで参戦するチームは、ライダー一名につき三基のエンジンを使用できる。つまり、スズキにはもはや予備がなく、残り一基のエンジンで決勝レースを戦わなければならない、というわけだ。

　日曜日の天候は前二日と比べると低い温度条件で、空にも分厚く黒い雲がたちこめていた。いつ降り出してもおかしくない。そんなコンディションでも、スタジアム形状でコース全体を取り囲む観客席には一〇万四四四一人の観戦客がすし詰めになっていた。

　二十番グリッドからスタートしたド・プニエは、一周目に大きく順位を下げたものの、以後は前をゆく選手の隙をみつけてオーバーテイクしながら少しずつ順位を上げていった。だが、十二周目に大きくスローダウンすると、そのままピットへ戻ってバイクから降りた。各国のテレビ中継ピットレポーターたちが様子を探りにスズキのガレージ前まで来たとき、シャッターはすでに降ろされてなかの様子を窺うことはできなかった。

ド・プニエはレース終了後に、ギアボックスのトラブルが発生してそれ以上は走り続けることが難しくなったためにやむなくリタイアした、と述べた。

寺田によると、どうやらギアボックスだけの問題でもなかったようだ。

「決定的に壊れている状態ではなかったんですが、シフトミスが何回かあったので、安全面の配慮から戻ってきてレースをやめました」

後日に、このときのリタイアの実相を以下のように話した。

「シフトの部分はデリケートな面があって、電子制御とメカニカルな構造がうまく噛み合わないとトラブルになってしまうんですね。もちろんレースではどんな問題も起こらないように準備をしていたつもりだけれども、結果的に出てしまった、というのが正直なところです。あのオートバイが本来持っていたポテンシャル目一杯のところで走らせることをできなかったので、ランディには本当に申し訳ないことをしてしまいました」

一方で、このレースウィークに発生した度重なるマシントラブルについて、

「ある意味では、起こるべくして起こった結果かな、と思った」

開発ライダーの青木宣篤はそんな感想を述べた。

「あの段階では〈まだ仕上げきっていないなあ〉という感触だったんですよ。バイクはひとまずできあが

ったものの、そこから変わっていくテンポが、なぜか遅いように感じたんですよね。ぼくら開発ライダーから指摘があがってきたとしても、エンジニアの人たちは問題が表面化してこなければ次のステップへ進めなかったのかもしれない」

一方、河内はこのときのレースを、後日になってこんなふうに振り返っている。

「エンジンの耐久性に問題を抱えていたし、耐久性をクリアできていたとしても、パフォーマンスが全然足りませんでした。〈これは予想していたよりも大変だなあ――〉と思ったし、じっさいにそこから先はかなり大変でした」

河内のいう〈そこから先〉、つまり、スズキの本格的なMotoGP復活は、最終戦翌週の事後テストから始まる。この事後テストは、月曜を休養日にあてて火曜から二日間のスケジュールで行われるのが通例だったが、この年に限っては月曜から水曜まで三日間の日程で実施された。

二〇一一年のシーズン最終戦事後テストでは、契約ライダーだったアルバロ・バウティスタは翌年の契約を交わしたチームへ去り、十一月八日に一日だけのテストをランディ・ド・プニエが走行した。タイム、内容ともに上々で、なんとかレース活動継続を目指して八方手を尽くし、最後まであがいてみたものの、その努力も水泡に帰して、二週間後には正式な活動休止が会社から発表された。

あれから三年が経ち、スズキMotoGPチームはふたたびド・プニエをライダーとして、ワイルドカードでバレンシアGPにエントリーした。そして、翌日の十一月十日からは二〇一五年シーズンにフル参戦するファクトリーチームとして、新たにふたりのライダーを迎える。

その両選手、アレイシ・エスパルガロとマーヴェリック・ヴィニャーレスはともに、GSX-RRのカラーリングと調和したスズキのレザースーツに身を包んで三日間のテストに臨んだ。

シーズンが閉幕した直後のバレンシアテストでは、翌年にチームを移籍する選手の場合、前年翌年いずれのチームカラーも意識させないデザインのレザースーツで走行するケースが大半だ。書類上ではあくまでも十二月末まで前チームやスポンサーとの契約が残っているから、というのがその理由だが、エスパルガロとヴィニャーレスの両名は、スズキのカラーリングに身を包んでテストを実施した。

スズキの存在感をしっかりと発揮する、このアピール性重視は、ブリビオのプレゼンテーション戦略によるものだ、と寺田は説明する。

「初めてヨーロッパテストに行った二〇一三年のカタルーニャでもそうだったんですが、マシンもスズキのカラーリングをしてピットコンプレックスも建てて、チームスタッフも全員がユニフォームを着用する、という準備をしっかりしていましたよね。我々だったら、テストはシンプルに黒いカーボン地の外装でべつにいいんじゃないの、という感覚だけど、復帰するんだからスズキカラーをしっかりと打ち出してアピールしましょう、というのがダビデの発想です。

その流れで、バレンシアの事後テストでも、マーヴェリックとアレイシにはスズキのチームカラーにデザインしたツナギを着用してもらいました。アレイシは前に在籍していたのがオープンカテゴリーでマーヴェリックはＭｏｔｏ２だったので、ふたりともメーカーの縛りや制限がなく、それぞれ前のチームと話をしたら喜んで彼らを送り出してくれるということだったので、そういう状況が可能になったんですね」

このテストで、エスパルガロはエンジンパワーを大きな課題として指摘しながらも、旋回性は彼がいままで乗ってきたどのＭｏｔｏＧＰバイクよりも優れている、と高く評価した。そしてなによりも、ピットに戻ってくると大勢のスタッフが自分のコメントを待ち受けていて、座るやいなや彼らにいっせいに取り囲まれるところにファクトリーライダーになったのだという実感をおぼえる、と述べた。

ヴィニャーレスの走行後コメントは、目から鼻に抜けるような才気を感じさせた。

前日までＭｏｔｏ２を、しかもそれをたった一年経験しただけの十九歳だが、ジャーナリストたちが次々と投げかける質問に、ひとつひとつ的確な返答をしていった。

Ｍｏｔｏ２との最大の違いを感じたのは加速性で、コーナーを立ち上がると次のコーナーがあっという間にやってくること。そこをもっとうまく対処するのが、今日の走行で感じた大きな課題であること。ＭｏｔｏＧＰのカーボンブレーキもＭｏｔｏ２時代のスチールディスクとは大きく特性が異なっているため、最初に走り出したときは一コーナーで停まりきれずに少し焦ったこと。タイヤの構造とグリップが優れているので、しっかりと前へ加重しながら思いきりハードにブレーキングできること、等々。

身長180㎝のエスパルガロは、コンパクトな車体に自分の体型を合わせるライディングポジションを模索していると話し、170㎝のヴィニャーレスは、自分の身長にはピッタリだ、と言った。

振り回すような激しい乗り方でフロントをよく使うエスパルガロに対し、スムーズなライディングでしっかりバイクを加速させていこうとするヴィニャーレス。

同じスペイン人選手ながら、対照的なところの多いこのふたりをファクトリー選手に抱えたことは、幅広いコメントを獲得できるということでもあり、それは今後、GSX‐RRの開発を進めてオールマイティな戦闘力を向上させていくうえでも利するところが多いだろう。

テストチーム時代のクルーは、チーフメカニックのトム・オケイン以下全員がそのままエスパルガロのスタッフになった。ヴィニャーレス側は、今回の再出発にあたり新たにリクルートしてきた人材だ。

活動を休止してからようやく再開にこぎつけたここまでの道のりを振り返った河内は
「苦しかったですね——」

そういったあと少し考えこみ、

「——でもいま思うと、愉しかったですね」

ゆっくりとそういった。

「どうやって復活して、これからどうやって戦っていこうか、と先が見えない状態で組み立てていくのは苦しかったけれども、逆に、なんでもできるぞ、と思える日々でもありました。

活動を休止したことも、それ自体はすごくディスアドバンテージなんですが、それをどうやってアドバンテージに変えていけるのか、どうすれば最大限の力で次に繋げていくことができるのか。新しいマシンを作ることができる、新しい形態のチームを作ることができる、そうやって作り上げてきたものが、いまのこの自分たちなのだと思います」

そして、

「不器用さが外から見えちゃってるんですかね」

そういって笑った。

「僕らだってホントはスマートにやりたいと思っているんですよ、いろんな事情でこうなっているけれども。よそほど予算的にも規模的にも恵まれた環境ではないかもしれないなかで、それでも常にベストを尽くそうと思って必死でやっている。その死に物狂いの必死さがひょっとしたら外に透けて見えていて、不格好かもしれないけどその姿をみなさんが応援してくださっているのなら、それはそれでうれしいことなのかもしれない」

三年という活動休止から復活にいたる期間は、スズキＭｏｔｏＧＰチームにとってはたして長かったのか、それとも短かったのか。

ようやく踏み出すことのできたいまふたたびの道はその行方長く、目指すべき場所もまた、はるけく遠い。

転章　イギリスの夏

1

圧倒的なペースだった。

先頭を走るマーヴェリック・ヴィニャーレスは、後続の選手たちを一方的に引き離していく。ラップタイムで見れば、二番手の選手よりも0・5秒ほど速い。つまり、一周重ねるごとにそれだけの差がさらに積み重なっていくということだ。

九月四日はまだ夏といってもいい時期のはずだが、イギリス独特の雲が厚い灰色の空の下で、日曜午後のシルバーストーンサーキットは厚手のセーターを羽織ってちょうど、といった程度の肌寒さだった。だが、満場の観客席やモニターがずらりと並ぶメディアセンター、そしてレースの推移を固唾を呑んで見守るチームスズキエクスターのピットボックスは一種異様な熱気と昂奮、そして心拍数があがるような緊張感におしつつまれていた。

全長五九〇〇mのコースで、快調にトップを走行するヴィニャーレスは後方との差を淡々と広げ続けている。十周目のコントロールラインを通過したときには、タイム差は3・7秒になっていた。二番手の選手の視点から見れば、ヴィニャーレスはコーナーふたつ分ほど先を走っているため、すでに姿が見えなくなっている。

波瀾のスタートになった二〇一六年第十二戦イギリスＧＰは、いま、誰よりも頭ひとつ抜けたペースを持っていたヴィニャーレスが支配していた。そしてこれは、今回の週末の各セッションを振り返れば充分に予想できた状況でもあった。

レースは、現地時間午後三時三十分に二十周の周回数でスタートした。

ポールポジションは、ホンダＲＣ２１３Ｖを駆る地元イギリスのカル・クラッチロー、その右隣の二番手がヤマハのバレンティーノ・ロッシ、そしてフロントロー右端の3番グリッドにヴィニャーレスがつけた。土曜午後の予選は雨に濡れたウェットセッションとなり、コースとコンディションを知悉したクラッチローが意地を見せてホームグランプリのトップグリッドを奪取した。しかし、金曜午前のＦＰ１でいきなりセッション最速タイムを記録したヴィニャーレスは、午後のＦＰ２と土曜のＦＰ３でも、ドライコンディションではクラッチローやロッシよりも頭ひとつ抜けた内容のラップタイムをマークしていた。マシンが良い状態に仕上がり、ライダーも自信を深めて決勝に臨んでいることは明らかで、それはスタート直後の位置争いにもはっきりと表れた。

レッドシグナルが消灯して、ポールポジションのクラッチローがいいスタートを切った。メインストレート終端で右に旋回する一コーナーへ先頭で飛び込んで、ホールショットを奪った。右側のわずか後方イン側には二番手のロッシ、ヴィニャーレスはさらにそのイン側につけて三番手で一コーナーに入っていった。マシンを引き起こしながら加速していく一コーナー立ち上がりでロッシがクラッチローの前に出た。ヴィニャーレスはふたりのさらにイン側後方からリアにしっかりとトラクションをかけてぐいぐいと立ち上がっていく。ふたりをあっさりとオーバーテイクし、次のわずかに左へ傾いてから右へ切り返す通称マゴットコーナーでは、すでにロッシとクラッチローを後方に抑える格好で先頭になっていた。

そのとき、最後尾に近いあたりで二台のバイクが接触した。二台は一コーナーを立ち上がってマゴットにアプローチしていくあたりで絡み合うように転倒し、コースサイドに投げ出されたライダーとマシンがS字上のコースを突っ切る格好で滑っていった。

後方のアクシデントに気づかない先頭集団は四コーナーから五コーナー、六コーナーと駆け抜けてゆき、トップに立つヴィニャーレスはロッシとクラッチローをすでに十メートル以上も大きく引き離していた。

八コーナーを過ぎたあたりでマーシャルポストに赤旗が提示され、レースは中断になった。速度を落としながらピットロードに入ってきたライダーたちは、各自のガレージへ戻り、チームスタッフにマシンを託してボックス内の椅子に腰を下ろす。

ヘルメットを脱いで水分を補給する選手や、モニターを見つめて事態の推移を見守る選手、あるいはチーフメカニックとなにやら相談をする選手。それぞれその横顔をテレビカメラが捉える。

ヴィニャーレスのもとにはチームマネージャーのブリビオが歩み寄ってきた。いいスタートだったぞ、とのことばに、かすかに微笑んでうなずき返す。

ここ数戦、コンディションが冷えた温度条件になるとスズキは良好な走りを披露していた。前戦のチェコGPや前々戦のオーストリアGPでも、ヴィニャーレスは予選までのセッションで高い戦闘力を発揮し、決勝レースもシングルポジションでのゴールを達成していた。

もっといえば、MotoGPに復帰して二年目の二〇一六年を、ヴィニャーレスは開幕以来安定してほぼ毎回、トップテン圏内でフィニッシュし続けている。第五戦のフランスGPでは、最高峰クラス二年目で初表彰台となる三位入賞も果たした。これはスズキにとって、活動休止前の二〇〇八年第十二戦チェコGPでロリス・カピロッシが三位に入って以来、約八年ぶりの表彰台だった。

パフォーマンス面で見るかぎり、今シーズンここまでのスズキは昨年から確実に前進を遂げたシーズンといえそうだ。

振り返れば、復帰初年度の二〇一五年は、アレイシ・エスパルガロの年間ランキングが十一位、ヴィニャーレスは十二位という成績だった。

カタルーニャGPではエスパルガロがポールポジション、ヴィニャーレスが予選二番グリッドを獲得する快挙もあったが、肝心の決勝レースになるとホンダ、ヤマハ、ドゥカティのファクトリー勢に大差をつけられる展開になり、ヴィニャーレスが優勝者から29秒差の六位、エスパルガロは転倒リタイアという厳しい結果に終わっていた。

この年は総じて、エスパルガロ、ヴィニャーレスとも優勝した選手から30秒程度、コースによっては1分以上遅れてゴールするという内容で、他メーカーとはいかんともしがたい明確なレベルの差があった。三年間の活動休止で大きく開いてしまったこのギャップは、毎戦のレースリザルトという具体的な数字で容赦なく突きつけられた。

二〇一五年シーズンが開幕する前のセパンテストでは、いよいよ復帰をするスズキ陣営に注目が集まり、一日の走行を終えたエスパルガロとヴィニャーレスを大勢のジャーナリストが待ち受けて取り囲んだ。しかし、シーズンが進み、めざましい成績を残せない状態が続くと、選手たちのもとに集まる取材陣の数も徐々に減少していった。レースによっては、選手と話をしに来る取材者はわずか二、三人、ということも珍しくなかった。メディアとはなんとも現金なものだ。あるいは、見方を変えれば、現実とはそんなものだ、ともいえるかもしれない。

いずれにせよ、復帰初年度のシーズンを戦い終えて、スズキは車体、エンジン、電子制御、すべての面でまだ大きくライバルメーカーの後塵を拝しているのは明らかだった。

この二〇一五年に参戦復帰を果たしたとき、スズキはオープンカテゴリーではなく、あくまでもファクトリーとしての技術諸元で臨んだ。ファクトリー陣営は、年間に使用できるエンジンが五基で、しかも開幕時の仕様のまま最終戦まで戦う、という厳しい条件が課せられている。しかし、ルール上の特例措置に該当するスズキの場合は、エンジンは年間十二基まで使用でき、しかも他ファクトリーのように仕様の凍結を義務化されずにシーズン中のアップデートも自由に行えることになっていた。燃料タンク容量に関しても、ファクトリー陣営は二十リットルという厳しい制約だが、スズキは二十四リットルまで使うことができた。

シーズン全十八戦を終えて振り返ってみると、使用したエンジンは、エスパルガロ、ヴィニャーレスともに十基。使用燃料に関しては、

「ほとんどのサーキットでは二十二リットルで対応可能でした」

と河内は話した。

二〇一六年も引き続き、スズキはルール上の特例措置が適用された。だが、この年はＭｏｔｏＧＰクラス全体の技術的な枠組みに大きな変更が加えられることになっていた。

ひとつは、すでに第三章でも詳述した共通ＥＣＵソフトウェアの導入だ。

二〇一四年以降、ＭｏｔｏＧＰクラスに参戦する全チームの全車両は、マネッティ・マレリ社製の共通ＥＣＵハードウェア使用が義務化されていたが、ソフトウェアに関してはファクトリー陣営は内製ソフトウェアの使用を許可されていた。オープンカテゴリーの場合は、ソフトウェアもマネッティ・マレリ社製の共通規格品を使用してきた。

この規則が変更され、ファクトリー陣営にも共通ソフトウェアの使用が義務づけられることになったのだ。これにより、二〇一六年シーズンからはファクトリー／オープンという区分が消失した。

このソフトウェアレベルでのＥＣＵ共通化により、二〇一五年までファクトリー勢は二十リットルで、オープンカテゴリーと特例措置を受ける陣営が二十四リットルだった燃料タンク容量は、二〇一六年から全車が二十二リットルで統一されることになった。河内が〈ほとんどのコースでは二十二リットルで対応可能だった〉と述べたのは、翌年のこの措置を見越した準備、という側面もあったわけだ。

さらにもうひとつ、条件面で全メーカーが完全に横一線に並ぶことになる新たな枠組みの変化があった。〈公式の単一タイヤサプライヤーとして全車両にタイヤを供給してきたブリヂストンが二〇一五年いっぱいでＭｏｔｏＧＰから撤退し、二〇一六年からはミシュランが新たなブランドとして全車にタイヤを供給するメーカーになったのだ。

メーカーが異なれば、タイヤの性質も当然異なる。作動温度域やグリップ性能、耐久性、荷重を受け止める構造等々、せいぜい切手一枚程度の接地面積しかないタイヤの性能をどれだけ引き出せるか、が勝負の機微を分かつ。そのためには、タイヤをしっかりと機能させるマシンの前後重量配分も、もちろん再検討をしなければならない。

優勝するためにはすべての条件が揃っていなければならない、とはよくいわれることだ。完璧なマシンセットアップ、ライダーの技倆、ピッタリと呼吸の合ったチームワーク、タイヤを最適に機能させる温度条件、運、そして、勢いや流れとしか表現できないなにか——この日のヴィニャーレスは、それらすべてを自分の手許に引き寄せていた。

決勝レースで絶好のスタートをきり、二コーナーでトップを奪ってあっという間に差を広げていったが、後方で発生したアクシデントによりレースは一周目で中断になった。

転倒に絡んだふたりの選手は担架で運ばれたものの、幸い深刻な負傷ではなく、レースはしばらくの後に仕切り直しで再スタートすることになった。ただし、今度の周回数は当初の二十周よりも一周少ない十九周で争われる。

転倒した二選手を除く全員が同じグリッドにつき、十五時五十四分にレッドシグナルが消灯。

二十五分前と同じく、クラッチロー、ロッシ、ヴィニャーレスの順で一コーナーに飛び込んでいった。ヴィニャーレスは三番手につけながら、落ち着いた様子で前をゆくクラッチローとロッシの様子を見ていた。そしてコース前半を過ぎ、後半セクションの十一コーナーでふたりをあっさりと抜いて一気に前へ出た。

ヴィニャーレスが先頭でメインストレートに戻ってきた。

一周目のコントロールラインをトップで通過する。すでに独走の気配がきざしていた。

後方ではクラッチロー、ロッシ、マルク・マルケスといった顔ぶれが三つ巴で絡み合い、バトルを続けながら前のヴィニャーレスを追う。しかし、ヴィニャーレスのほうが彼らより0・5秒以上もペースが速い。

二周目を終えるとすでに0・997秒の差があった。

以後も、周回を重ねるたびに0・3秒、0・5秒、と着々と差を積み上げてゆき、総レース周回数の半分を過ぎた十周目には、ヴィニャーレスと二番手グループの差は3・8秒に広がっていた。誰にも前を邪魔されず、自分がもっとも速く走れる理想的なラインをとって、さらに後ろとの距離をぐいぐいと開いてゆく。

十四周目には、差は5秒を超えた。

ここまで圧倒的なリードを築き上げてしまえば、あとはペースを調整しながら後ろとの距離をコントロールして、残り周回数を淡々と消化してゆけばよい。

一周、また一周と残り周回の数字が減るたびに、あれほど遠いものに思えた勝利が少しずつ現実味を帯びて近づいてきた。

独走を続ける青いマシンのヴィニャーレスは、コース上で勝利を確実に手許へ引き寄せてゆく。

ピットボックスでは、ヴィニャーレスの椅子に座るブリビオがモニターを見つめている。顔がこわばり、掌で口を覆う。

河内も、天井から吊り下がったモニターを見上げている。走行データを書き留めるクリップボードを胸に抱えて立ったまま、微動だにしない。

二番手以下のグループは、追い上げることをすでに諦めていた。彼らのバトルは、表彰台を確保するための争いへと意味を転じている。

ヴィニャーレスは一度も後ろを振り向かない。

ただひたすら前だけを見て走り続けている。

その彼が、最終ラップの最終コーナー手前で、ようやく左後方を振り向いた。

後方には誰もいない。

左手で小さくガッツポーズをしながら最終コーナーに入っていく。

最終コーナーを立ち上がると、ブルーのチームウエアを着たメカニックたちがピットウォールの上で鈴なりになって待ち受けていた。金網を摑んで揺さぶり、歓喜の大声をあげ、最終コーナーを立ち上がってくるヴィニャーレスをゴールラインに迎え入れた。

彼らの前を通過したヴィニャーレスはＧＳＸ‐ＲＲのステップに仁王立ちになり、両拳を思いきり天に突き上げた。

ピットボックスでは、ヴィニャーレスの椅子に座り固唾を呑んでレースを見守っていたブリビオが、声にならない声を叫んで立ち上がった。隣で、チーフメカニックのホセ・マヌエル・カゾーが同じように歓声をあげている。

ふたりで抱き合い、背中を叩きあった。

河内健は黙ってモニターを見上げていた。

画面の中では、青いレザースーツに身を包んだヴィニャーレスが青いマシンのステップに立ち上がり、拳を天に突き上げていた。シートに腰を下ろすと、今度は大きくフロントを上げてウィリーした。ゴールラインを通過したライダーたちが次々とヴィニャーレスに近寄って握手を求め、優勝を祝福して肩を叩き、走り去ってゆく。大写しになった満場の観客席も、スタンディングオベーションで大喝采を贈っている。

やっと、勝った。

いろんな風景が、河内の脳裏を一瞬のうちにかけめぐった。

Ｖ型エンジンで勝てなかった日々。低位に沈むのがあたりまえのように思われて悔しさに歯噛みした日。

レース活動をやめるかもしれないと知らされて、胃がよじれる思いをした日。やり場のない感情を殺しながら、レースを継続するためにひたすら結果を求め続けた苦しい日々。そして、活動休止が決定してレースの現場から遠ざかり、明日が見えない不安を抱えたまま復帰をひたすら目指して過ごした日々。

そんな毎日をともに過ごし、自分たちを支えてくれた人々の顔、顔、顔。

画面に映るヴィニャーレスの姿がいきなり、にじんだ。

目の奥から、熱い塊がこみ上げてきた。

うつむいて、拭いても拭いてもあふれ出てくるものを、何度も指でぬぐった。

震える肩をブリビオが黙って優しく叩いた。

二〇一一年十一月十八日にスズキ株式会社がＭｏｔｏＧＰの活動休止を発表したときから一七五二日が経過していた。


エスパルガロはどんな気持ちでレースを終えたのだろう。ふとそう思って、彼のことばを聞きに昂奮の余韻がただようスズキのピットボックス裏口へ行った。

ドアから出てきたエスパルガロは、いつものレース終了時以上に上気した表情をしていた。彼はいきなり、ヴィニャーレスの優勝について話しはじめた。

「マーヴェリックはすごい仕事をしたよね。二十ヶ月前にこのプロジェクトがスタートしたときは、スズキがトップになるなんて信じられなかった。でも、マーヴェリックがそれを達成したんだ。スズキファミリーのことを思うと、ぼくも幸せな気持ちだよ」

チームメイトの優勝劇を称揚する彼に、自分の走りについて話を振ってみた。

「がんばったよ。でも、トップグループには追いつけなかった。最終的にはハッピーなレースじゃなかったけど、ラスト五周はトップグループと同じくらいのペースで走れていたのは、好材料かな」

そして、自ら話題をヴィニャーレスに戻した。

「でも今日のレースでもっとも重要なのは、スズキがトップに立った、ということなんだ。これは本当にスペシャルなことだし、マーヴェリック自身のためにもうれしい結果だよ。才能があるし、いいヤツだからね。この二十ヶ月でスズキは進歩した。それがとてもうれしいんだ」

その進歩には、あなたの貢献も当然大きかったでしょう。そう振ると、

「0・1パーセントくらいはね」

そういってはにかんだような笑みを見せた。

「ま、ぼくもがんばって開発に貢献をしてきたと思うけど、今日の主役はマーヴェリックだった。とにかく、すごかったよ。序盤から力強い走りで、三周目には大差を築いていていただろ？　レースが終わって、健

さんが泣いているのを見ると、ちょっとなんともいえない気持ちになったよ」

ファンタスティックだよね。

小さな声でそう付け加えた。


表彰式とヴィニャーレスたちの優勝記者会見が終わったころに、ふたたびスズキのピットボックスに河内を訪ねた。ガレージ奥から出てきた表情には、いつもの穏やかで無骨な笑みが戻っていた。

ヴィニャーレスとともに表彰台へ登壇したときの、そこからの眺めを訊くと
「最高でしたね」

そういって破顔する河内に、これでライバルメーカーのレベルに追いつけたと思うか、と重ねて訊ねてみた。

「そんなところまではまだまだとても――、畏れ多いですよ。

今回はライダーのがんばり、チームのがんばり、そして、日本で開発をしてくれている皆のがんばりで一勝できました。でも、勝利を重ねていくためはここからもっと大変なステップが待っています。もちろん、できれば今シーズン中に二勝目、三勝目を挙げたいし、狙っていきますが、そんなに甘いものじゃないしひと筋縄ではいかないことも、わかっています」

2

たしかに、甘いものではなかった。ひと筋縄でも運ばなかった。

復帰してから初優勝までは一年六ヶ月。

しかし、初優勝から二勝目を挙げるまでには二年七ヶ月の時間がかかっている。

その間には、いくつかの出来事があった。

二〇一七年はライダーのラインアップが、アレイシ・エスパルガロとマーヴェリック・ヴィニャーレスから、イタリア人選手のアンドレア・イアンノーネとスペイン人のアレックス・リンスに替わった。

イアンノーネはドゥカティからの移籍、リンスは中小排気量クラスをつうじてチャンピオンを争ってきた新人選手だ。スズキからMotoGPに昇格したこのときは、まだ二十一歳になったばかりという若さだった。

このシーズンのスズキは、前年にヴィニャーレスが優勝を達成したことにより、復帰以降の二年間に適用されていた特例措置の対象外となり、競合他社のホンダ、ヤマハ、ドゥカティと同一内容の技術規則が適用された。具体的には、年間に使用できるエンジンはライダー一名あたり七基まで、しかもその仕様は開幕時の状態で凍結されてシーズン中のアップデートは許されない、という条件である。

ゲタを履かせてもらって参戦をしていた状況から、これでようやく一人前の参戦メーカーとして扱われるようになった、といってもいいだろう。

最高峰クラスデビューの開幕戦を九位とまずまずの結果で終えたリンスは、第二戦のアルゼンチンは転倒リタイアで終えた。

そして、第三戦のアメリカズGPでは土曜午前に転倒を喫して、テキサス州オースティンの病院に運ばれた。左手首骨折との診断がくだり、以後の走行をキャンセルしてスペインへ戻って手術を受けたリンスは、治療のため以後の四戦を欠場した。六月末に復帰を果たしたものの、以後も苦しい内容のレースが続いた。最終戦のバレンシアGPで四位に入って高い資質の片鱗を見せたとはいえ、負傷の影響もあって最高峰クラスの順応に時間がかかり、結局このシーズンは一度も表彰台には届かなかった。

高い水準の走りを期待されていたはずのイアンノーネも苦戦続きで転倒を繰り返し、四戦で表彰台を獲得した前年の成績とは対照的に、スズキ移籍後の初年度は一度もトップスリーで終えることができなかった。

ふたりのライダーがシーズンを通して一度も表彰台を獲得できなかった結果、翌二〇一八年のスズキは、ふたたび特例措置の適用対象メーカーへ陥落した。

さらにこのシーズン中には、プロジェクトリーダーが寺田から佐原に交代する、という出来事もあった。

それまで量産車部門でチーフエンジニアを務めていた佐原がMotoGPのプロジェクトリーダーに復

帰し、佐原のいたポジションにそのまま横滑りで寺田が移ることになった。

企業内の人事異動辞令ではあるものの、ＭｏｔｏＧＰのカレンダーで見るとシーズン真っ只中での交代、という格好になる。レースを離れる寺田にしてみれば、やはり後ろ髪を引かれる思いは拭いきれなかっただろう。

「活動を休止していたところから復帰までやってきて、一六年にはやっと一勝した。〈さあこれから成績を残していこう〉という時期だったので、やり残した感は、やはり少しありましたよ。シーズンの途中でもあったし」

寺田は一九八八年の入社以来、２ストローク時代から現在に至るまでずっとレース畑を歩いてきた。しかも、携わってきたのは終始一貫してグランプリマシンひと筋だ。

「二〇一七年は、あまり成績がよくなかったじゃないですか。アレックスはＭｏｔｏ２から上がってきた十一月の最初のバレンシアテストで転んでるんですよ。アンドレアも、同じバレンシアテストで転んだんですよね。転びすぎて、もうツナギが足らなくなったくらいで」

レースを離れた寺田が当時の様子を笑いながら話す口調には、一抹の寂しさにも似たなにかが漂うようにも感じられるが、おそらくそれは受け取る側のただの思い過ごしなのだろう。

「あの年は、マーヴェリックが優勝してランキング四位で終わったので、コンセッション《特別措置》を外れたんですよね。エンジンを開幕前にフィックスしなければいけないので、〈これでいいんだよな――〉、と思いながら諸元を決めたけど、序盤から苦労することになって、その意味ではなかなか厳しいシーズンでした。

いろんなことがありましたね。でも、愉しかったですよ。V型でやって来たものが活動休止になり、新たにエンジンレイアウトやチームの編成からもう一度やり直して、インライン4でようやく一勝するところまで来ることができた。休止のときは、課の中で人も減るし、どんな体制でやっていこう、どういうオートバイにしていこう、というところからスタートし、手探りで少しずつ前へ進んできました。もちろんまだチャンピオンは獲れていないけれども、なかなか貴重な経験をできたのではないかと思っています」

量産車部門に異動した寺田は、佐原の仕事を引き継いでGSX‐R1000をはじめとするさまざまなバイクのチーフエンジニアを担当した。そして二〇一九年には、あのGSX1000Sを二十一世紀に甦らせた現代版KATANAを世に送り出した。

一方、寺田と交代でプロジェクトリーダーに就任した佐原は、五年ぶりにレースの現場へ戻ってきた。

「アレイシとマーヴェリックからアンドレアとアレックスに切り替わった年で、アレックスは転んでケガしちゃうしアンドレアも成績が出ないし、という時期だったから、これは困ったなと思っていた」

という。

「あのときは、どうすれば盛り上げられるか、という気持ちが強かったかな。かっこいいことばでいうと使命感、とでもいうんですかね。だって、いままで寺田がやっていたことを今度は自分がやることになるわけで、ぼくは寺田が優秀だということをよく知っているから、彼が苦労をしていたことを自分が苦労なしに解決できるとは、当然、思いませんよ。ただ、違う視点で見れば、なにかできることはあるのかもしれないなあ、とはなんとなく思っていました」

結局、この年はイアンノーネがランキング十三位、リンスは十六位という結果で終える。

翌二〇一八年は、またしても特例措置適用対象の陣営として仕切り直すことになったが、レース結果と内容は前年と対照的に上昇傾向の一年になった。

最高峰クラス二年目のリンスが第二戦アルゼンチンGPで三位を獲得すると、以後もたびたび上位を脅かす走りを見せて、計五戦で表彰台に登壇した。年間ランキングも五位、とまずまずの結果だ。イアンノーネも四戦で表彰台に上がったが、いいときと悪いときの差が極端なムラッ気が災いしてランキングは十位。とはいえ、両選手で計九回の表彰台は、特例措置からの離脱条件をクリアするには充分すぎるほどの成績だった。

二〇一九年はイアンノーネがチームを離れ、リンスより一歳年下で同じスペイン人選手のジョアン・ミルが加入した。

一九九七年生まれのミルは、世界選手権フル参戦二年目の二〇一七年に十勝を挙げる圧倒的な強さでM

oto3のチャンピオンを獲得し、翌年にMoto2へ昇格した。この年は中排気量クラスを走り出してまだ数戦ながら、春先からMotoGP昇格が噂されていた。そして大方の予想に違わず、五月中旬のフランスGPで翌年のスズキ入りが確定的になった。

ミルの、Moto3でチャンピオンを獲得し、一シーズンだけMoto2を戦って二十歳そこそこで最高峰クラスへ昇格する、というこのキャリアパスは、数年前までスズキに在籍したマーヴェリック・ヴィニャーレスのそれを彷彿させる。かつてダビデ・ブリビオが話していた〈トップライダーを獲得できないのであれば、自分たちの手でそれを作り上げる〉という戦略は、明らかにここにも見てとれる。

「わたしたちが活動を再開する際にマーヴェリックを獲得したことは、いい選択だったと思う。いまや彼は、MotoGPのトップライダーに成長しているわけだからね」

ブリビオはそういって、やや皮肉気味に頬を歪めた。パドックのチームオフィスで彼に話を訊いていたときのことだ。スズキを二年で去ったヴィニャーレスは、このときヤマハファクトリーチームに移籍してすでに優勝争いの常連となり、MotoGPのトップスター選手と誰もが認める大きな存在になっていた。

「マーヴェリックは優秀なライダーだから、最高峰二年目だったにもかかわらず、わたしたちはシルバーストーンで優勝できた。このレースはスズキにもおおいに自信をもたらした。その意味では、マーヴェリックのプロジェクトは成功だったといえるだろう。しかし、彼自身はこの年限りでわたしたちのチームを去ってしまった。だから、結果としてはマーヴェリックプロジェクトは残念ながらうまくいかなかった、ということになる。彼が去ってしまったので、わたしたちはアレックスでふたたびトップライダーを自分たちの手で作り出すプロジェクトを開始したんだ。そして今年から、ジョアンが加わった。彼も、将来のトップライダーに成長する資質を持ったライダーだよ」

才能のある若いライダーを自分たちの手でトップライダーに育て上げる、というブリビオの方法論は、数年後のＭｏｔｏＧＰ勢力図を視野にいれたものだ。いまこのときから二年後、あるいは五年後には、いったいどんなライダーたちが優勝争いを繰り広げているのか。そこを想定して、帰納的に現在のチーム作りを進めている。

「わたしたちの戦略はトップライダーをインハウスで作り、スズキで勝つ、ということ。アレックスはすでにトップ争いをしてくれているし、ジョアンもすぐに成長してくれるだろう。だから、あと一、二年もすれば、わたしたちは表彰台争いをするふたりのライダーを擁したチーム、ということになるだろうね。（過去の）スズキは、もっと貪欲であるべきだったんだ。限られたリソースのなかで、わたしたちは最大限のことをしているし、いまの経営陣は、おそらくそこを理解してくれていると思う。他社と戦うときにはクレバーでなければいけないんだよ」

そういってブリビオはオフィスのテーブルに少し身を乗り出し、狡智な笑みを泛かべた。

「すでに世代交代は始まっているんだ。バレンティーノ・ロッシの現役時代は、もうそんなに長くない。ペドロサは二〇一八年に引退した。ロレンソも、おそらくあと二年くらいだと思う(二〇一九年末で引退)。ドヴィツィオーゾがいつまで続けるかはわからないけれども、二〇二一年から二二年はマルケスとヴィニャーレスがトップライダーを張る時代だろう。そこに新しい世代が上がってくる。

そのとき、アレックスはまちがいなくトップライダーになっているだろう。ジョアンもそうなっていてほしい。ファビオ・クアルタラッロやフランコ・モルビデッリ、ペコ・バニャイア、ジャック・ミラー——。これからは、彼ら新世代が成長してくる。だから、あと二、三年もすればライダーの勢力図は完璧に変わっているよ。我々のプランは、そのときに自分たちのライダーふたりがトップ集団に入っていることだ。この観点から見れば、わたしたちはいいチーム作りをしていると思う。会社がそれをしっかりと支えてくれれば、スズキはさらに強くなれる。まちがいなくね」

〈会社がそれをしっかりと支えてくれれば——〉とブリビオはいう。

おそらく彼らにとって心強いであろうひとつの変化が、いま、スズキの内部で胎動しはじめている。

二〇一九年一月に、スズキは同社初の社内カンパニー組織としてスズキレーシングカンパニーを発足させた。スズキ株式会社のなかで、全社的組織である経営企画室の直下、という位置づけだ。

スズキレーシングカンパニー、というその名称が、ホンダにおけるホンダレーシングコーポレーション《HRC》、あるいはドゥカティの場合だとドゥカティコルセに相当するような組織を連想させるためか、発足当初は〈レースに特化した戦うスペシャリスト集団〉がついにスズキ内部に結成された、という理解も少なくなかったようだ。国内外を問わずとくにレースメディアを中心に、そのような内容の報道が散見された。

ＨＲＣの場合は、本田技術研究所内でグランプリマシンＮＲ５００の研究開発プロジェクトを行っていた部署であるＮＲブロックと、レーシングサービスセンターが統合する形で、本田技研の子会社として一九八二年に発足した。まさに二輪レース専用に組織された、勝つことが仕事の企業だ。ドゥカティコルセの場合も同様で、組織はＨＲＣよりも小規模ながら、ボローニャのボルゴパニガーレ敷地内にレース活動専用の企業として存立し、日々のレース業務にいそしんでいる。

これら二社のレース専用企業と異なるのは、スズキの場合は、あくまでも社内カンパニー組織である、というところだ。

社内カンパニーは、企業内組織ではあるものの独立採算制をとっているために、社内では一個の独立した組織のような位置づけで活動を行う。日本ではソニーが初めてこの制度を取り入れ、その当初は大いに話題になった。以後、いくつもの企業がこの制度を採用し、成功を収めたケースもあれば、導入したもののうまく機能させることをできないまま制度を止めてしまった例もある。

一般的に、カンパニー制を採用することの長所は、企業本体から案件の権限を大幅に委譲されることにより、独自の裁量で迅速な意思決定を行えることにある。スズキの場合、二輪レース活動を行う部署、いわゆるレースグループは、かつては二輪事業本部にぶら下がる格好の下部組織として組み込まれる形になっていた。現在は、レースグループ全体がレーシングカンパニーの傘下に入ることにより、稟議を組織上部に諮っていく際の承認ステップも従来より簡略化されることになる。

「レースの勝敗のうち七割方は走る前に決まる。現場へ来る前の段取り勝負が結果を大きく左右する」

技術監督の河内健は、かつてそんなことばを口にしたことがある。レースグループがレーシングカンパニーに組み込まれたことで、レース現場と経営首脳陣の間の風とおしが良くなって意思決定が迅速化されていくことも期待できるだろう。

ちなみに、スズキでは二輪事業も二〇一九年四月からカンパニー制が導入され、鈴木俊宏がカンパニー長に就任した。つまり、いまの佐原や河内はレーシングカンパニーの所属で、量産車のチーフエンジニアである寺田は二輪カンパニーの所属、ということになる。

スズキレーシングカンパニーのカンパニー長は、近藤豊が務めている。

「スズキに入ってレースをしたかったけれども、量産に配属になった」

と笑う近藤は、数々の量産車のエンジン実験やプロジェクトリーダーを担当し、二輪事業本部副本部長を経ていまの任に就いた。

近藤によれば、スズキレーシングカンパニーが目的としていることのひとつは

「〈ヒト、モノ、カネの見える化〉を実行すること」

だという。

「我々は、けっして湯水のごとく潤沢な予算があるわけではありません。だけど、レースは企業にとって大切な広報活動であるという位置づけから、皆でがんばって取り組んでいきましょう、ということがまず第一点。そして、〈万全な準備こそが期待する成果を生み出す〉という観点から、しっかりと準備を進めよう、ということ。車輌開発から人材の手配、具体的なテストチームのスケジュール管理まで、できることは事前に組み込みながら絶えず意思決定をしていく。ＰＤＣＡサイクル（計画《Plan》／実行《Do》／評価《Check》／改善《Action》、を繰り返し、生産・品質管理をたゆまず改善していく手法）で、可能なかぎり早くモノを作ってチームへ渡していく。いろいろな事情があるなかで、迅速化してきていると思いますよ」

このスズキレーシングカンパニーが直轄するレースは、当面のところＭｏｔｏＧＰ、そして鈴鹿八耐などの世界耐久選手権《EWC》だという。

「その先は、電動モトクロスも視野に入れています。レースをやる以上〈ヒト、モノ、カネ〉はついて回る要素なので、どれだけのレースを手がけることができるかどうかは、もちろん今後の業績次第ですよ。

でも、可能ならば将来的には四輪も含めて視野に入れていきたい、と考えています」

スズキの二輪レース活動がカンパニー化されたことは、レースを現場で指揮するブリビオにとってもとても大きな期待材料になっているようだ。

「スズキには、とても優秀なエンジニアやスタッフが揃っている。エンジン技術、車体技術、制御等々、優れた人材が揃った集団だとわたしは自負している。もしも、トップマネージメントがわたしたちに資源をさらに配分してくれるようになれば――具体的には、充分な予算やレース活動に対するさらなる理解と関心、といったことだね――わたしたちは非常に戦闘力が高いチームになれると思う。そして、わたしたちが良いライダーを育成し、充分な予算があって人材も豊富で、スズキのなかにそのノウハウが蓄積されていけば、我々はきっと本物のコンペティティブな集団になれるはずだ。わたしは、そう確信しているんだよ」

3

「今年のウチのバイクは、少なくとも何回か優勝できるだけのポテンシャルに仕上がっている」

二〇一九年シーズンの開幕前に青木宣篤がそう話したことには、もちろん根拠がある。

二〇一五年にレースへ復帰して以来、車体の剛性のバランスがようやくいちばんいいところに落ち着いてきたのだ。

思い返せば、V4エンジンのGSV‐R時代は車体が硬すぎて、それをどうやって柔軟にしていくか、という作業に腐心した。さまざまな試行錯誤の果てにやっといい状態にたどり着いたと思ったら、二〇一一年末で活動を休止することになってしまった。

いまのGSX‐RRは、そのときの車体をもとにインライン4エンジンで作り上げてきたが、今度は逆に柔らかすぎるものを硬くしていく作業になった。

「最後の最後、というか、いちばんの問題はメインチューブだったんですよ」

そういって青木は苦笑する。

「あのバイクができた二〇一四年に、走って五周ですぐにいったんですよ、〈これ、メインチューブが柔らかいです〉って。そこからヘッドパイプが硬くなり、ピボットが硬くなって、メインチューブ以外の剛性がどんどんあがっていった。〈オレのいったことと違うんだけどなあ——〉と思っていたんだけど、二〇一八年のフレームにカーボンのラッピングを巻い（て補強を施し）たヤツが登場して〈ああ、やっとわかってくれたのか〉と。アレックスたちの走りを見ていても安定してきたし、やっとウィークポイントを克服してきた、よかったよかった——と思って、それがあのことばになった」

どんなに剛性バランスのよいバイクでも、それに乗っているライダーがフロントとリアの接地感を摑み取れないと限界まで思いきり攻めることはできない。ライダーフレンドリーであることがもっとも重要な要素と考えて開発をしてきた、と青木は話した。

その明確な手応えを、アレックス・リンス自身も感じながら走っていたのだろうか。

二〇一九年の開幕戦を四位で終えたリンスに、青木のことばをそのまま借用して、今年は数戦で勝つことができると思うか、と訊ねたとき、彼はさも当然のことを答えるかのように、あっさりとうなずいた。

それから五週間後。

四月十四日に行われた第三戦アメリカズＧＰの開催地、アメリカ合衆国テキサス州オースティン郊外にあるサーキット・オブ・ジ・アメリカズ《COTA》で、リンスは激しい優勝争いを繰り広げていた。

真っ向勝負の相手は、九回の世界タイトルを獲得したスーパースター、バレンティーノ・ロッシだ。

ＣＯＴＡではホンダのマルク・マルケスがいつも圧倒的に強く、二〇一三年の施設竣工以来、一度も負けたことがなかった。この日も、マルケスはレース序盤に独走態勢を築き上げた。しかし、九周目に転倒して自滅、以後はヤマハのロッシをスズキのリンスが追う展開になった。

ロッシの背後からコンマ数秒の僅差でリンスが迫る。しかし、両者の微妙な距離は詰まらず、膠着状態のまま周回は残り八周、七周、六周――と推移していった。

大きく動いたのは、残り四周となった十七周目だ。

ひらりひらりと左から右へ切り返すセクションで、リンスがロッシのインを突いて前に出た。するりと鮮やかに前へ出たリンスを、しかし、ロッシは逃がさない。ピットビルディングから見ればもっともコースの奥に位置する場所の、左へ小さく回り込むヘアピン状の十一コーナーを旋回し、リンス－ロッシの順で立ち上がる。二台は長いバックストレートへ向けて強烈な勢いで加速していく。

エンジンの駆動力がチェーンを介して後輪に伝わる。猛スピードで回転するタイヤのグリップ力が路面をぐいぐい押しつける。二百五十馬力を超す力がバイクを前へ、前へと運ぶ。

ライダーは風の影響を受けないように、フロントスクリーンの影に入り込むように脇を締めて上半身を小さく縮めている。右手首を思いきり捻り、スロットルは、全開。

トップスピードが時速３４０㎞に到達したところから、ブレーキを握りコーナー進入で一気に時速６０㎞まで急減速する。

かつてロッシは、ブレーキングの強いバイクに仕上げてくれれば、あとはすべて自分がなんとかする、とヤマハのエンジニアたちにリクエストしていた。ブレーキ勝負でガツンと深く入っていく度胸と技術なら、いまもまだ一級品だ。

そのロッシが、長い直線の終端で左に急旋回する十二コーナーへ奥深く突っ込み、わずかにリンスの前に出た。

しかし、進入が深くなりすぎた余波で、コーナーの立ち上がりではやや大きくはらんでゆく。

一方のリンスは、十二コーナー進入では巧みな減速でロッシの背後から旋回動作を開始し、クルリと回った。外へはらむロッシを横に見ながら従えてゆく格好で、なめらかにバイクを引き起こしてコーナーを立ち上がりながら加速してゆく。

最終セクションを過ぎ、ホームストレートのコントロールラインはリンスがロッシよりもコンマ数秒早く通過した。

残り三周でロッシはリンスの背後に肉迫するものの、その後はゴールラインを通過するまでリンスの前に出ることはできなかった。

0・2秒、0・5秒、0・6秒と、リンスは各周回でごくわずかなロッシとのタイム差を抑えきり、二十周のレースを終えてトップでチェッカーフラッグを受けた。

ＭｏｔｏＧＰに昇格して三年目の初勝利だ。

日本では、鈴木俊宏が自宅でライブ中継を見ていた。

オースティンと日本は十四時間の時差がある。早朝三時半起きでテレビの前に陣取り、レースを観戦した。リンスがロッシを抜き去り、そのロッシの仕掛けた勝負を交わして十二コーナーで先に立ち上がったときには、思わず声が出た。

テキサスの抜けるような青空の下で表彰台の頂点に立ち、チームのガレージへ戻ってきたリンスは、チームスタッフ全員から祝福を受けた。荒っぽく肩や胸を叩き、皆が大歓声で迎え入れる。表彰式で受け取ったシャンパンを回し飲みし、ある者は飛び跳ね、ある者は叫び声を上げ、ピットボックスはお祭り騒ぎの様相を呈していた。

河内のポケットで電話が鳴った。

取り出して応答すると、見えもしない相手の声に一瞬で背筋が伸び、思わずお辞儀をした。恐懼しながらふたこと、みこと話し、まだ大騒ぎを続けているリンスに電話を渡した。

相手の声を聞くと、リンスは興奮気味に電話の向こうの相手へ大声で叫んだ。

「オーケイ。サンキュー。やったぜ。ついに勝った。ありがとう、ありがとうトシヒロ‼」

「呼び捨てにするなよ。トシヒロさん、だろ」

河内が小さな声でいって、苦笑した。

子供時代からのヒーローだったバレンティーノ・ロッシを相手に一対一の優勝争いを繰り広げ、真っ向勝負の戦いを制したことはリンスの大きな自信になり、次戦のスペインGPは二位に入った。だが、それ以降は表彰台に届かず、あるいは表彰台圏内を走りながら転倒で終えるレースが続いた。

次にリンスが皆の注目を一身に集める機会は、シーズンが後半戦に差し掛かった第十二戦のイギリスGP、シルバーストーンサーキットまで待たねばならなかった。

三年前のレースでは、この会場でマーヴェリック・ヴィニャーレスがスズキの復帰後初勝利をもたらした。独走のペースで後続選手たちを一方的に突き放す圧巻の展開で、この勝ち方はヤマハ移籍後もヴィニャーレスの得意パターンになった。

二〇一六年のイギリスGPは、九月初頭とはいえまるで日本の晩秋のような寒いレースウィークだった。二〇一九年も同じ時期の開催だが、この年は欧州独特の肌を灼く強い日射しが照りつける週末になった。イギリスの夏は、ことほどさように予測がままならない。

日曜午後の決勝は、同じスペイン出身のマルク・マルケスとの一騎打ちになった。

二〇一三年に二〇歳でホンダファクトリーのレプソルホンダチームから最高峰クラスにデビューした

マルケスは、数々の最年少記録を更新しながらMotoGPの世界に君臨をしてきた。王座を逃したのは二〇一五年のたった一シーズンのみで、この二〇一九年もアメリカズGPで転倒リタイアを喫した以外はすべてのレースで優勝もしくは二位表彰台、という超人的な結果を残している。イギリスGPも、土曜の予選で当然のようにポールポジションを獲得した。

リンスは二列目中央の五番グリッドからレースをスタートした。

ロッシやヴィニャーレスを後方に従えながら、レースは早い段階でマルケスとリンスの一騎打ちに絞込まれた。二十周のレースはマルケスが一貫してトップを譲らず、リンスがコンマ数秒背後から僅差で追う緊迫した状態で周回を重ねていった。

ラスト二周となった十九周目に、リンスがコース後半セクションで勝負を仕掛けた。左左と続く十四〜十五コーナーでマルケスの前に出た。しかし、マルケスも十五コーナー立ち上がりからの短い直線でリンスに並び、次の十六コーナーでふたたび前を奪う。

回転半径の小さい右へ回り込む十七コーナーから、同じく右方向に旋回してゆく最終の十八コーナーへ。この十八コーナーで、リンスはアウト側からマルケスの横に並ぶように立ち上がり、メインストレートへ向かってゆく。

最終ラップに乾坤一擲《けんこういってき》の勝負を仕掛ける前に、ここで一度、彼我の最終コーナーでの加速性やライン取りの動きを確かめようとしているかのようにも見えた。

しかし、レース後にリンスが明かしたところでは、このときは周回数を一周間違えていたのだという。

〈おいおい、アレックス。もう一周あるじゃないか〉

内心で自らにそう語りかけながらコントロールラインを通過したときは、リンスがマルケスに0・001秒先行していた。直線では動力性能に勝るホンダエンジンを知り尽くしたマルケスがわずかに前に出て、リンスを抑える形で一コーナーへ入っていった。

二コーナー、三コーナーと二台は連なるように駆け抜けてゆく。前をゆくマルケスは、リンスの動きを警戒してきっちりとイン側を閉じるラインを取っており、一瞬の隙も与えない。直線からのブレーキングでは一気に突っ込んで急減速するマルケスのリアタイヤが浮く。その背後でリンスは前後輪を接地させて流れるようなラインで旋回してゆく。

右がふたつ続く最後の十七、十八コーナーは、低速で回り込みはじめてどんどん旋回速度をあげてゆく形状だ。十七コーナーにはマルケスが先に入った。リンスの前を抑えながら、バイクが深く傾いた状態のまま最終の十八コーナーへ入ってゆく。リンスは旋回速度を乗せながらエッジグリップを効かせて加速してゆく。前のマルケスはリアタイヤがスピンしてわずかにアウト側へはらむ。そのイン側からなめらかに速度を乗せてリンスが立ち上がってくる。

アウト側にマルケス、イン側にリンス。

リンスのほうがスムーズにバイクを加速させてゆくぶん、二次旋回から立ち上がりの速度が乗っている。最終コーナーからゴールラインまでのわずか数十メートルでリンスとマルケスは横並びになり、二台がゴールラインを通過した。

リンスがフロントタイヤの直径分ほど先行していた。

ふたりのタイム差は千分の十三秒だった。

勝利の瞬間、ブリビオは椅子から飛び上がるように立ち上がり、両手を突き上げて歓喜の叫びを上げた。河内も、走行中のデータを記録するクリップボードを抱えたままガッツポーズでよろこびをあらわした。落ち着いた笑みが泛かび、その目にはもはや、三年前のときのような涙はない。

四月の第三戦COTAで、アレックス・リンスは子供時代から憧れ続けたバレンティーノ・ロッシを相手に互角以上の勝負で凌ぎきり、九度の世界王者を抑えて勝利を手中に収めた。そして今回は、誰もが世界最強と認めるホンダとマルク・マルケスのパッケージに挑みかかり、圧巻のバトルを繰り広げて最終ラップの最終コーナーでねじ伏せた。

頂点を目指すスズキの戦いは、ここから新たなステージに入ったようにも見えた。

だが、このレースの後、最終戦までの残り七戦でスズキは一度も表彰台を獲得しなかった。

一年間のスケジュールを終え、アレックス・リンスはランキング四位でシーズンを終えた。ランキング三位のヴィニャーレスまで六ポイントの差だった。ルーキーのジョアン・ミルは、八月に負傷を喫して二戦で欠場した結果、ルーキーイヤーを総合十二位で終えた。

スズキは二〇一九年のＭｏｔｏＧＰで二勝を挙げた。一シーズンのうちに二回の優勝を経験するのは、ケニー・ロバーツJr.がチャンピオンを獲得した二〇〇〇年以来、十九年ぶりのことだった。

一九六二年のマン島ＴＴ５０ccクラスでエルンスト・デグナーが初めて優勝を達成して以来、二〇一九年イギリスＧＰのＭｏｔｏＧＰクラスでアレックス・リンスが優勝するまで、スズキは合計一五八勝を積み重ねてきた。

二〇二〇年は、一九六〇年開幕戦のマン島ＴＴへ伊藤光夫たちが初めて参戦してから、世界グランプリ参戦六十年目の年を迎える。また、この年は一九二〇年に鈴木式織機株式会社が設立されてから百周年、という節目の年でもあるという。

しかし、勝たなければそれは単なる数字でしかない。

そして勝ったとしても、やはりそこはただの通過点にすぎない。

2019年日本GPの決勝直前、スターティンググリッドにいた鈴木俊宏社長は大声援のスズキ応援席に気がつくと、
ファンのそばまで歩み寄り、両手を振って彼らのエールに応えた。(写真提供：塚本肇美氏)

SUZUKI
SUZUKI
SUZUKI
088

あとがき

すでにお読みいただいた方ならおわかりのとおり、本書はあくまでもスズキ株式会社とそのＭｏｔｏＧＰチームを客観的な観察対象として捉え、適度な距離を保ちながら取材を進めてきた一個のノンフィクション作品である。

この取材を最初に思いついたとき、具体的には〈はじめに〉で記しているように、レーサーズ加藤編集長との雑談のような話から本書のアイディアがふわりと沸いて出てきた当時は、二〇二〇年がスズキ株式会社の創立百周年でグランプリ参戦六十年目という大きな節目の年に当たるとは、まったく想像の埒外にあった。取材を開始してまもなく、スズキＭｏｔｏＧＰチームのある関係者からその事実を知らされた次第で、こちらの事前調査と知識不足といってしまえばそれまでなのだが、偶然とはいえ、面白い巡り合わせというものはあるものだと妙に感心した。

この作品には広告宣伝のようなパブリシティ的意味合いもなければ、どのような個人や団体とも一切の利害関係は存在しないが、とはいえ、本書がもしもスズキの企業創立やロードレース活動の節目を飾る里程標のような役割を果たせているのだとすれば、それはそれで望外の快事というべきだろう。

当初の予定では二〇一九年十二月末を暫定的な刊行目標として取材を進めてきたが、諸般の事情で取材スケジュールに多少の遅滞を生じ、十二月の最終週は浜松や磐田と東京の間を日帰りで連日往復する日々が続いた。それなりに厳しい日程ではあったが、繁野谷忠臣氏の謦咳《けいがい》に接する幸運に恵まれて、すべての苦労は報われたような気さえする。氏の業績と半生を、断章〈ニレの男〉として文字に定着できただけでも、本書は世の中に対して多少の貢献をできたのではないかと思っている。

ようやくすべての取材を終えたあとは、仕事部屋に籠もって電気マイルスとAKIRAをガンガンに流しながら、年末も年始もなくそれまでに書き進めた原稿の修正と最後の加筆作業をひたすらすすめていった。電気マイルスは"Bitches Brew"から"Pangaea"までを時系列順にリスト化してエンドレスループ、とくに"Live Evil"はジョージ・P・ペレケーノスが未邦訳の某作品で作中人物に絶賛させていたくらいの大傑作だ。AKIRAはいうまでもなく、芸能山城組の交響組曲だ。二〇一九年末のネオ東京でこの音楽に耽溺しながら原稿を書き進めることになろうとは、一九八八年当時は思いもしなかった。本書の隠れたコントリビューターとしてあえてこれらの作品名をここに記し、類い希な抽《ぬき》んでた才能に心からの感謝を表したい。

本書の成立過程では本当に多くの方々にお世話になった。まずは取材にこころよく協力をしてくださった鈴木俊宏社長をはじめとするスズキ株式会社の皆様。個々の名前を挙げるのは差し控えるが、厳しい質問やときに見当違いの稚拙な問いにも誰ひとり厭な顔ひとつせず、明らかにできることはすべて公明正大に話していただけたことは感謝に堪えない。また、再三の無理な願いを聞き入れてスケジュールを調整してくださった二輪広報担当の村上茂氏にも謝意を表したい。開発ライダーの青木宣篤氏は、現役時代からとんちんかんな質問を浴びせてもいつも的確な表現と内容の回答をしてくれる。地頭の良さと鋭い観察眼は、ただ敬服のひとことである。

パドックでは、チームスズキエクスターのマネージャー、ダビデ・ブリビオ（Davide Brivio：Grazie mille, Davide!）と全スタッフ、そしてチームに在籍したすべてのライダーたちには、日々の取材でことのほか世話になった。なにより、敏腕コーディネーターの塚本肇美姐さんがいなければ調整がつかなかったであろう取材はおそらく五指では足りない。感謝してます、姐さん。

同様に、すでに解散したリズラスズキＭｏｔｏＧＰ時代のマネージャー、ポール・デニング（Paul

Denning：Thanks very much, Paul!）と当時の全スタッフ、そしてこのチームが存在していた時代に在籍したすべてのライダーたちにも謝意を表したい。また、あらためて現在の視点から取材をするに際して、厭わず仲介の労を執ってくれた友人ティム・ウォルポール（Tim Walpole）。いつものように、ありがとよ、ティム（Thanks, Tim.）。

駄犬のような日本人取材者をパドックの中で放し飼いにしてくれる度量の大きなDORNAスポーツ社のコミュニケーションマネージャー、フリネ・ヴェリーリャ（Friné Velilla）とイグナシオ・サグニエール（Ignacio Sagnier）。彼らの支えあってこその取材活動である（Les agradezco su apoyo.）。そして、多忙な時間を割いて拙い取材に対応していただいたDORNAスポーツ社CEOカルメロ・エスペレータ氏（Carmelo Ezpeleta）にもとりわけの謝意を表しておきたい（Muchas muchas gracias.）。

二〇一九年夏でブリヂストンをリタイアされた山田宏氏には、氏の現役時代から現在に至るまで、タイヤに関するさまざまなことを教えていただき、レースに真摯に向き合う姿勢からも多くのことを学んだ。戦う日本の会社員はかっこいい。

英語取材のサウンドファイルをいつも迅速かつ正確に文字起こししてくれるケリー・ブロデリック（Kelly Broderick）。プロの仕事とはまさにかくのごとし、である（Thanks, Kelly. Your transcription is always amazing.）。

ＭｏｔｏＧＰのパドックで取材活動を続ける、多彩な国籍の優秀なジャーナリスト仲間たちにもこころからの感謝を表したい。取材者としては凡庸で浅才な自分が多少なりとも鍛えられる環境に恵まれたのは、卓越した知見と取材能力、健全な批判精神と競技に対する敬愛を併せ持つ彼らの刺激があったからにほかならない。とくに自己免疫疾患の罹患が判明し、生物製剤の治療を開始して以降は、これが最後の取材になるかもしれない、今回出国すればもう帰国できないかもしれない、ということの連続だったが、そこで易きに堕して流れることなく、毎回の渡航を一期一会と思い定めながら貴重な機会として大事に取材できたのは、彼らの優れた活動が自分にとって大きな刺激と目標になったからだった。

そしてなにより、本書成立の最大の功労者であるレーサーズ編集長加藤裕氏に感謝を。本書が〈レーサーズ〉という金看板を穢すことになりはしないか、それだけが唯一にして最大の気がかりである。

最後に、妻の美佳へ。ほんとうに、いつもありがとう。

二〇二〇年一月二十日　　西村　章

参考資料

「Racers」Vol.01, Vol.03, Vol.40（三栄）

「百年のマン島」（大久保力：三栄）

「浅間から世界ＧＰへの道」（八重洲出版）

「ヨシムラレーシングヒストリー」（八重洲出版）

「ポップ吉村の伝説」（富樫ヨーコ：講談社）

「俺は、中小企業のおやじ」（鈴木修：日本経済新聞社）

「2019 Edition FIM MotoGP Results」
（Werner Haefliger: DORNA）

「MotoGP guide（2002～2007）」
「MotoGP Official Media Guide（2008～2019）」（DORNA）

「FIM ROAD RACING WORLD CHAMPIONSHIP
GRAND PRIX REGULATIONS (2009～2019)」

SUZUKI GSV-R
成績一覧

QUALIFYING POSITION / RACE POSITION

NC : Not classified

NL : Not finished first lap

NP : Not started second part of the race (Not finished race re-start)

NS : Not started

DS : Disqualified

CZE	POR	BRA	MOT	MAL	AUS	VAL	WORLD STANDING
19/11	12/4	16/3	8/6	12/8	12/9	14/NC	9
9/4	9/NC	18/8	11/NC	15/14	15/12	10/13	16
20/14				18/11			18

CZE	POR	BRA	MOT	MAL	AUS	VAL	WORLD STANDING
13/17	17/18		16/NL		13/12	17/13	17
16/20	14/17	18/17	19/15	10/14	14/9	18/11	19
			14/10	15/20			24
							25

CZE	POR	JPN	QAT	MAL	AUS	VAL	WORLD STANDING
19/NC	6/6	2/NL	11/8	8/NC	17/15	7/12	16
15/10	9/14	8/NL					18
			19/11	20/14			23
					16/16	19/17	

GER	CZE	JPN	MAL	QAT	AUS	TUR	VAL	WORLD STANDING
9/11	17/11	8/8	5/7	11/11				13
10/NP	8/13	2/5	3/9	12/17	11/10	14/15	11/13	14
	16/16						14/NC	

GER	USA	CZE	MAL	AUS	JPN	POR	VAL	WORLD STANDING
9/10	5/6	7/7	8/6	15/12	13/12	6/6	9/11	10
14/7	1/5	13/12	16/11	16/2	15/11	12/9	8/NC	11
					12/13			21

GER	USA	CZE	RSM	POR	JPN	AUS	MAL	VAL	WORLD STANDING
5/7	7/15	4/2	5/3	10/6	11/10	14/7	10/8	7/3	4
11/11	3/2	8/5	8/2	12/13	17/11	16/8	7/7	11/6	6
							19/13		25

GER	USA	CZE	RSM	INP	JPN	AUS	MAL	VAL	WORLD STANDING
14/3	8/3	4/6	7/5	15/9	12/NC	15/15	11/9	12/13	8
13/7	11/15	9/3	11/7	13/16	6/6	11/10	8/7	8/9	10
	13/8			5/6					19

GBR	CZE	INP	RSM	POR	AUS	MAL	VAL	WORLD STANDING
14/11	9/5	11/7	10/5	7/NC	13/12	5/9	13/14	9
13/13	11/11	14/11	13/9	15/10	15/11	14/6	18/15	12

CZE	INP	RSM	ARA	JPN	MAL	AUS	POR	VAL	WORLD STANDING
	11/8	16/8	12/8	9/7	8/5	14/12	14/11	17/9	13
10/NC	10/11	11/NC		10/NC	9/NC	17/NS	13/13	14/NC	16

USA	CZE	INP	RSM	ARA	JPN	AUS	MAL	VAL	WORLD STANDING
12/NC	14/NC	9/6	8/8	11/6	8/NC	4/NC	8/NS	5/NC	13
									21

2002
XRE0

	JPN	RSA	SPA	FRA	ITA	CAT	NED	GBR	GER
Kenny ROBERTS Jr.	10/NC	6/NC	9/8	9/5	10/NC	8/7	3/6	8/14	
Sete GIBERNAU	14/NC	10/16	13/9	16/12	18/NC	3/NC	16/NC	17/6	12/NC
Akira RYO	7/2					17/11	21/15	14/13	21/11
Yukio KAGAYAMA									11/NC

2003
XRE1

	JPN	RSA	SPA	FRA	ITA	CAT	NED	GBR	GER
John HOPKINS	12/13	16/13	7/7	11/NC	14/NC	13/15	16/15	15/11	22/NC
Kenny ROBERTS Jr.	7/14	17/15	17/13	17/16	18/NC				14/15
Akira RYO									
Yukio KAGAYAMA							15/NC	17/12	

2004
XRE2

	RSA	SPA	FRA	ITA	CAT	NED	BRA	GER	GBR
John HOPKINS	11/13	13/15	16/NL		8/NC	10/14	17/15	12/9	15/8
Kenny ROBERTS Jr.	10/NC	10/8	13/12	9/NP	16/17	7/16	1/7	3/8	12/17
Yukio KAGAYAMA									
Gregorio LAVILLA									

2005
XRE3

	SPA	POR	CHN	FRA	ITA	CAT	NED	USA	GBR
KennyROBERTS Jr.	14/NC	14/12	9/NC	14/13	11/15	13/15	15/16	12/14	16/2
John HOPKINS	11/14	11/NC	4/7	7/16	5/11	11/NC	12/13	6/8	10/11
Nobuatsu AOKI									

2006
XRE4

	SPA	QAT	TUR	CHN	FRA	ITA	CAT	NED	GBR
John HOPKINS	12/9	13/NC	5/17	2/4	3/15	7/10	2/4	1/6	4/8
Chris VERMEULEN	11/12	11/NC	1/7	12/NC	12/10	15/14	4/6	6/10	2/16
Kousuke AKIYOSHI									

2007
XRG0

	QAT	SPA	TUR	CHN	FRA	ITA	CAT	GBR	NED
John HOPKINS	6/4	6/19	7/6	2/3	5/7	9/5	5/4	6/5	5/5
Chris VERMEULEN	13/7	14/9	9/11	15/7	12/1	2/8	11/7	12/3	1/16
Nobuatsu AOKI									

2008
XRG1

	QAT	SPA	POR	CHN	FRA	ITA	CAT	GBR	NED
Chris VERMEULEN	11/17	12/10	13/8	8/NC	8/5	11/10	8/7	3/8	8/7
Loris CAPIROSSI	13/8	10/5	12/9	6/9	11/7	3/7	12/NC		
Ben SPIES								8/14	

2009
XRG2

	QAT	JPN	SPA	FRA	ITA	CAT	NED	USA	GER
Loris CAPIROSSI	5/NC	6/7	6/6	8/8	3/5	11/5	6/9	10/NC	9/11
Chris VERMEULEN	8/7	4/10	10/10	7/6	11/10	12/11	7/5	9/8	12/13

2010
XRG3

	QAT	SPA	FRA	ITA	GBR	NED	CAT	GER	USA
Alvaro BAUTISTA	13/NC	13/10		16/14	15/12	12/14	9/5	16/NP	14/NC
Loris CAPIROSSI	5/9	11/NC	9/NC	12/10	14/NC	11/13	7/7	14/11	12/10

2011
XRG4

	QAT	SPA	POR	FRA	CAT	GBR	NED	ITA	GER
Alvaro BAUTISTA			15/13	12/12	9/12	9/5	14/11	14/13	10/7
John HOPKINS		14/10							

INP	CZE	GBR	RSM	ARA	JPN	AUS	MAL	VAL	WORLD STANDING
								20/NC	

INP	CZE	GBR	RSM	ARA	JPN	AUS	MAL	VAL	WORLD STANDING
12/14	15/9	10/9	10/10	7/6	7/11	8/9	11/7	4/8	11
9/11	7/NC	13/11	14/14	12/11	10/NC	6/6	8/8	11/11	12

AUT	CZE	GBR	RSM	ARA	JPN	AUS	MAL	VAL	WORLD STANDING
6/6	8/9	3/1	3/5	2/4	7/3	13/3	8/6	4/5	4
9/NC	4/NC	11/7	9/NC	8/7	6/4	4/NC	7/13	9/8	11

CZE	AUT	GBR	RSM	ARA	JPN	AUS	MAL	VAL	WORLD STANDING
20/19	10/11	15/NC	21/NC	10/12	11/4	4/6	9/17	3/6	13
13/11	21/16	13/9	20/8	20/17	10/5	13/8	8/DS	10/4	16
									27
									29

CZE	AUT	GBR	RSM	ARA	THA	JPN	AUS	MAL	VAL	WORLD STANDING
9/11	10/8	10/NS	10/4	9/4	11/6	8/3	5/5	8/2	2/2	5
8/10	8/13	7/NS	13/8	5/3	6/11	5/NC	4/2	3/NL	7/NP	10
21/19						24/21				31

CZE	AUT	GBR	RSM	ARA	THA	JPN	AUS	MAL	VAL	WORLD STANDING
6/4	7/6	5/1	9/NC	13/9	10/5	11/7	12/9	7/5	8/5	4
19/NC			10/8	9/14	8/7	12/8	13/5	13/10	7/7	12
15/20		19/12				21/20				25

2014
XRH2

	QAT	AME	ARG	SPA	FRA	ITA	CAT	NED	GER
Randy de PUNIET									

2015
XRH3

	QAT	AME	ARG	SPA	FRA	ITA	CAT	NED	GER
Aleix ESPARGARO	11/11	8/8	2/7	6/7	10/NC	5/NC	1/NC	2/9	7/10
Maverick VIÑALES	13/14	12/9	9/10	14/11	13/9	9/7	2/6	9/10	12/11

2016
XRH4

	QAT	ARG	AME	SPA	FRA	ITA	CAT	NED	GER
Maverick VIÑALES	3/6	7/NC	5/4	5/6	8/3	2/6	6/4	12/9	6/12
Aleix ESPARGARO	15/11	11/11	9/5	6/5	12/6	6/9	13/NC	8/NC	8/14

2017
XRH5

	QAT	ARG	AME	SPA	FRA	ITA	CAT	NED	GER
Andrea IANNONE	2/NC	12/16	11/7	5/NC	17/10	16/10	12/16	16/9	16/NC
Alex RINS	18/9	23/NC						17/17	22/21
Sylvain GUINTOLI					23/15	24/17	22/17		
Takuya TSUDA				23/17					

2018
XRH6

	QAT	ARG	AME	SPA	FRA	ITA	CAT	NED	GER
Alex RINS	6/NC	5/3	11/NC	6/NC	15/10	10/5	15/NC	5/2	11/NL
Andrea IANNONE	11/9	12/8	3/3	7/3	4/NL	4/4	5/10	9/11	8/12
Sylvain GUINTOLI							25/NC		

2019
XRH7

	QAT	ARG	AME	SPA	FRA	ITA	CAT	NED	GER
Alex RINS	10/4	16/5	7/1	9/2	19/10	13/4	8/4	3/NC	4/NC
Joan MIR	11/8	19/NC	14/17	12/NC	18/16	20/12	11/6	5/8	9/7
Sylvain GUINTOLI							23/13		

SUZUKI
42
ECSTAR
ECSTAR
MOTUL
NGK
MICHELIN
MICHELIN

「チャンピオンを獲るのがあたりまえ。それが鉄則なんだ。
何を措いても絶対にそれを獲りにいく」（繁野谷忠臣）

レーサーズノンフィクション ①

再起せよ スズキMotoGPの一七五二日

2020年3月4日 初版 第1刷発行

著者：西村 章

発行人：星野邦久

発行元：株式会社三栄
〒160-8461 東京都新宿区新宿6-27-30
新宿イーストサイドスクエア7F
TEL：03-6897-4633（編集部）
TEL：03-6897-4611（販売部）
TEL：048-988-6011（受注センター）

印刷・製本：大日本印刷株式会社

装丁：原 靖隆（Nozarashi inc.）
DTP：田中千鶴子（Nozarashi inc.）
編集：加藤 裕（レーサーズ）

SAN-EI CORPORATION
PRINTED IN JAPAN 大日本印刷
ISBN 978-4-7796-4093-3